後藤典子

熊本城の被災修復と細川忠利

―近世初期の居城普請・公儀普請・地方普請―

熊日新書

はじめに

二〇一六年四月十四日の前震、そして同十六日の本震と、熊本は大きな地震に見舞われた。この地震は、私たち熊本県民に多大な物理的・心理的被害をもたらした。なかでも、私たち県民の誇りである「熊本城」の被害の大きさも、それはそれは心が痛むものだった。

余震が続く中で、熊本藩主細川家の歴史資料を預かる熊本大学永青文庫研究センターでは、およそ五万八〇〇〇点の永青文庫の史料の中から、江戸時代の地震などの天災と、熊本城の被害及びその修復についての歴史を紐解く日々を送ることとなった。

本書では、永青文庫の史料の中でも比較的質・量ともに豊富な近世初期、熊本藩の細川家初代藩主・細川忠利の時代（一六三二〜一六四一）に注目しよう。同じ時期、八代城は忠利の父・細川三斎（忠興）が居城としていた。また、忠利の子息で後継者の細川光尚は江戸にあった。

近世大名の居城普請に関する研究史をみると、幕藩関係、すなわち公儀による大名統制説の観点からの研究が積み重ねられてきた。それらを踏まえる必要があるのはもちろんだが、しかし、普請は領国支配における百姓の動員の問題でもあった。したがって、居城普請は農業基盤整備のための普請――本書ではこれを「地方《じかた》普請」と呼ぶ――と競合し、同時に公儀（幕府）からの動員による江戸城・大坂城等の普請とも競合したのである。

「細川忠利像」（部分）矢野三郎兵衛吉重筆
寛永18年 永青文庫蔵

幕藩関係から領国支配までをも含めた全体の中で検討しないと、居城普請の実態には接近できない。以下、当該期熊本藩の普請に関する総合的な観点から、具体的な史料によって、地震や大雨で被災した熊本城の修復の在り方について、検討を進めよう。

なお本書では、『大日本近世史料　細川家史料』からの引用は、「大」と略記して巻番号―史料番号を、『松井文庫所蔵古文書調査報告書』（八代市立博物館）からの引用は「松」と略記して巻番号―史料番号を示す。また、熊本大学寄託永青文庫細川家文書の原本を引用する場合は、永青文庫研究センター刊行の目録（二〇一八年にホームページ上で公開予定）の番号を示す。

また、本書に引用した永青文庫細川家文書のうちの二十五点ほどが、二〇一七年十一月に開催された「第33回熊本大学附属図書館貴重資料展　近世熊本城の被災と修復」に出品された。本展の解説目録を熊本大学附属図書館のホームページで見ることができる。多くの方に歴史資料の原本に接していただきたい。

熊本城の被災修復と細川忠利
——目次

第一章　細川忠利入国直後の熊本城と領国の状態

寛永二年熊本地震の被害

改易された加藤家に代わって細川忠利が前任地の小倉から熊本に入城したのは、寛永九年（一六三二）十二月九日。初めて熊本城に入った忠利は、城とその囲いの広さに驚き、「江戸城のほかに、これほど広いのを見たことがない」と、江戸にいる息子の光尚に宛てて自ら筆を執り送っている（十二月十日付　細川光尚宛自筆書状　大一三―一〇八五）。

しかしながら、広い熊本城ではあるが、加藤から引き継いだ城は、あちこちが崩れていたようで、十二月二十五日には幕閣の伊丹康勝に次のような書状で老中衆への取次を頼んでいる。

熊本城普請のことは、家中の侍たちの下々までが落ち着いてから、ゆっくりと幕府の許可を得たいと思います。塀など落ちた所は、前の小倉城でやっていたように修理したいです。但《ただ》し、小倉城普請は、度々幕府の許可を得て修理をしていました。熊本城は、塀も直さないのでしょうか。屋根の雨漏り、塀の穴は修理する

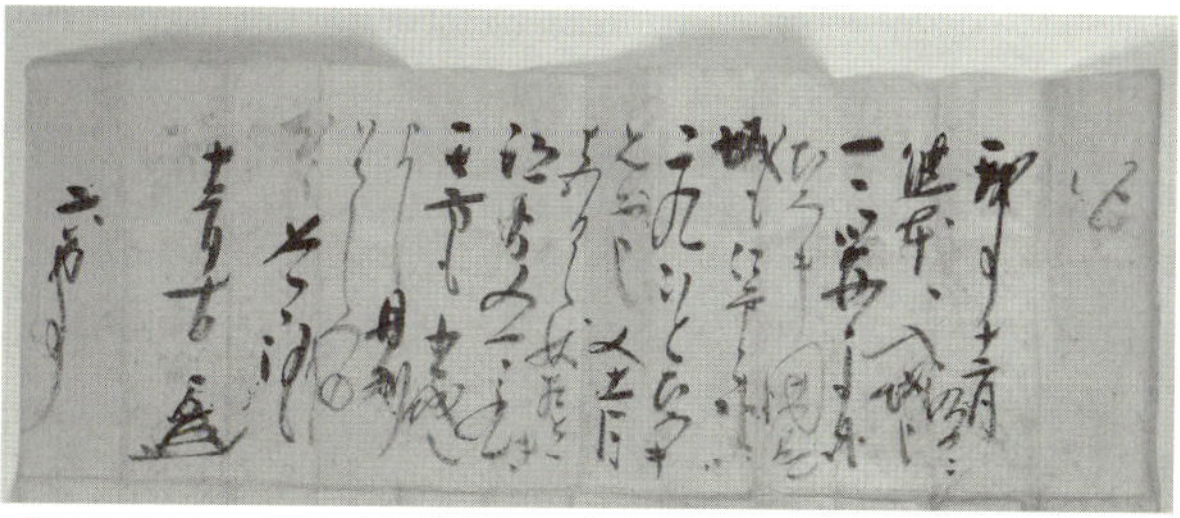

「細川忠利自筆書状」（部分）寛永９年12月10日 永青文庫蔵

ものだと思います。この通り、老中稲葉丹後殿・酒井讃岐殿・土井大炊《おおい》殿などにもお話しなさってください。

（十二月二十五日付 伊丹康勝宛忠利書状案 大一六―一八七二）

忠利は、「小倉では、城普請について度々幕府の許可を得て繕っていたが、熊本は塀も直していないのか。屋根の漏りや塀の穴くらいは繕うものだろう」と、加藤家時代の城の管理のいい加減さに呆《あき》れ、批判している。実際、小倉時代の細川家（一六〇〇～一六三二）は小倉城も、父・三斎の中津城も幕府の老中衆の許可を得て、修理普請を細々行っていた。

熊本城のメンテの悪さに呆れた忠利ではあったが、しかしながら、忠利が熊本に入った、その七年前の寛永二年（一六二五）六月十七日の夜、加藤代の熊本は大地震に見舞われていた。当時、小倉にいた細川家の奉行所の記録「萬覚書《よろずおぼえがき》」（一二・七・九・一〇）の七月二十一日の項に、その記事が遺されている。熊本城の地震の被害を伝えるものとしてよく知られており、後世写されたものも数点ある。

大地震に見舞われた肥後の加藤忠廣のもとに、小倉の細川忠利がお見舞いの使者二人を送った。その使者が帰ってきて次のように報告したのである。

六月十七日の夜、肥後で大地震が起き、熊本城の天守、そのほか城内の家々は空木立ばかりになって、瓦・家の梁もすべて落ち崩れ、城内の死者は五十人ほど。火薬庫の蔵から出火、爆発して、およそ五百〜八百㍍の間の家は跡も無く全て吹き飛んだ。火薬が四十八㌧以上もあったので、蔵の下の石垣、いずれも屋根瓦が三、四㌔ほども吹き飛んだ。加藤家重臣の斎藤伊豆殿の棒庵の家屋敷も損害を受け、少しずつ修理されている。熊本城については、幕府に修理許可の伺いを立てているということだ。

このように、寛永二年の大地震での熊本城の被害は大変なものだった。その被害の大きさから推測すると、細川家が入った時の熊本城はまだ修復が終わっていない状態だったのではないかとも考えられる。後に幕府へ城の修理を願い出る願書（寛永十一年三月十七日付「御自分御普請」文・下・四五、本書四六頁）の中で、「加藤代からの塀・矢倉は大方修理が必要」と記しているところから、大地震から七年経っても城の修復は進んでいなかったのであろう。

ここで、被害の実態を理解する上で重要なので、「斎藤伊豆殿の棒庵の屋敷」について検討しておこう。加藤家の重臣斎藤伊豆守利宗は、細川家にとっては特別な存在であった。忠利の母方の祖父明智光秀の家臣であり、妹は将軍徳川家光の乳母春日局、甥は江戸幕府老中稲葉正勝である。本能寺の変の後の山崎の戦いで敗れ、細川忠興のお預かりとなった。その後、加藤清正に仕えたが、加藤家と細川の間の取次として、細川家はずっと斎藤伊豆守と親交を続けていた。肥後が大地震と聞いて、何よりも斎藤のことを心配して、使者を送ったのである。斎藤伊豆屋敷は、同じく加藤家の重臣下津棒庵屋敷の隣にあった。

なお、この史料の原文には「斎藤伊豆殿防庵ノ家」とあり、これを斎藤伊豆殿と下津棒庵の家と解釈し、被害は城内の局所にとどまったと見る向きもある。だが私は、下津棒庵は加藤家改易後、寛永十三年正月に息子将監《しょうげん》が細川家に仕えることになるものの、この寛永二年の段階では、細川家にとっては他家の、しかも京都の久我家に由緒を持つ棒庵を、奉行が呼び捨てにする筈はないと考えている。重臣クラスは上屋敷、下屋敷といくつも屋敷を持っていたので、「斎藤伊豆の棒庵（史料では「防庵」と表記）の屋敷」と解釈するべきではないか。もうこの時代には、現在棒庵坂と呼ばれているこの一帯は、すでに当時「棒庵」と呼ばれていたのではないかと推測される。少なくとも肥後に入国してすぐの寛永十年の「肥後国隈本城廻り普請仕度所目録」（「御自分御普請」一文・下・四五、本書三四頁）中では「棒庵坂」の地名として出ている。

このように、細川家奉行は、斎藤伊豆守の被災状況を記録に特記したが、それは、斎藤が細川家と親交が深かったからであって、城内家臣団屋敷の被害が斎藤の棒庵の屋敷のみにとどまったことを意味するものではない。むしろ、後述するように、広範・甚大な被害を想定しておく必要があるだろう。

入国直後に課題山積

「思之外大国にて、見事なる圍《かこい》（城郭）にて候、むかしの越中（忠利のこと）にて無之候」（無印六番一）と、旗本小幡直之に書き送るほど、五十四万石の大国を任されて張り切る忠利ではあったが、その前途は多難だった。

忠利は、肥後に入国してすぐに家臣の屋敷割りのために侍町を見て廻った。そして、熊本城だけでなく、その状況を目の当たりにして、長年の加藤時代の支配の実態に驚き、とほうに暮れるのである。十二月十三日の三斎宛ての書状の中で忠利は、「熊本の長年の仕置（支配・政治）は、日頃聞き及んでいたよりも、らっしもない状況でよと書いている（大一〇―五六〇）。「らっしもない」、つまり乱雑で、だらしない状況だった。忠利は熊本藩領の豊後靏崎《つるさき》の港から熊本に入国しようにも、メンテが悪くて靏崎御茶屋にも入れなかった三斎を気の毒がった。肥後がそんな状況であることは、他国にも噂《うわさ》になっていたのである。

また忠利は、入国翌日の十二月十日、熊本町と侍屋敷とのしきりになっていた「もがり（虎落・垣根のこと）」の撤去を命じた（「奉書《ほうしょ》」一〇・七・三）。加藤時代は、熊本の町と侍屋敷が、竹の柵でしきられていたのだった。

さらに、肥後入国直後の十二月末には江戸の細川家上屋敷が類焼しており、その修築もしなければならなかったし、入城した熊本城、そして隠居の父・三斎が入った八代城もまた修理を多く必要としていた。

八代城の普請・作事以下について、前の城主・右馬允《うまのじょう》（加藤正方）の身上には、思いのほか立派な城だけれども、何もかも、不勝手さは思っていた以上で、そのままでは住むこともできないので、まず、屏風を折って板で囲わせている。城の縄張り以下はいじらない迄《まで》だ。

（十二月二十三日付 忠利宛三斎書状 大七―一七九六）

一 先書にも申し入れたように、八代城は思いのほか石垣・堀などが見事です。

一 石垣を築きかけの二の丸が一つありますが、普請は首尾が悪く、番屋が一つ立ってるだけで、そのほかに家は一切ありません。ここでなくては城中に余っている土地はないので、この二の丸に家作事を申し付けたいのです。そこで、絵図にして御目に懸けます。しかしながら、築きかけの石垣を積むほどの大石・栗石が二の丸の中に寄せて置いてあって、これを脇へ取り除いて、梅雨に入る前に整地しなければ家も建てることができないでしょう。この二の丸は周囲が全て堀なので、ほかに石を除ける所もありません。まず石垣のない土居の上まで石を引き上げたいのですが、そうすれば、それが石垣を積んでいるように当座は見えるかと思い、事前に申請するのです。

（寛永十年月日未詳 幕府老中衆宛三斎書状案 大一一―五七五附）

八代城は先代の加藤正方の身上には過ぎたるほどの、見事な城だと三斎が揶揄《やゆ》している。しかしその不勝手さは作事を加えなければ住めない状態だった。思えばまた、この八代城の痛みも、寛永二年の肥後大地震の被害の名残だったのかもしれない。幕府の老中衆宛ての書状で三斎は、「築きかけの石垣のある二の丸が一つあるが番屋があるだけで、家は一切ない。他に土地もないのでこの二の丸に家を建てたいが、石垣用の大石・栗石が置いたままになっている。惣廻《そうまわ》りが堀なので、この石を石垣のない土居の上まで引き上げて除けたいが、その普請が石垣を積んでいるように見えるだろうから、あらかじめ老中衆まで御断りする」と、書き送っている。

一方、忠利は熊本城に入城して十日後の十二月十九日、十四人の郡奉行衆に家臣の家作事のために、加藤代からの御城作事用だけに使われる留藪《とめやぶ》だけを残して、藪の竹を伐り出して熊本へ売るように、各郡の百姓たちに申し触れるよう、命じていた(「方々状之控」一〇・一一・三一・二)。

また、城普請だけでなく、明くる寛永十年一月からすぐに取り掛からなければならなかったのが、国内各地の井手堤・石堤の普請だった。

一　肥後国全体のことについて、井手堤の普請のことも、大方加藤時代からしてきた所を、すぐに正月十一日から取り掛かるようにと命じています。

(正月三日付　魚住傳左衛門尉(三斎側近)宛忠利書状案　大一一―五七一)

忠利は、先代の加藤家がやっていた肥後国内の井手普請を引き継いで、一月十一日から申し付けている。注目されるのは、八代の三斎に対する次の忠利の発言である。

井手を堰上げて水かさが増すようにする普請が六カ所あります。それで、八代の百姓が申告してきた書立を三斎様に御目に掛けます。この分は、当月十五日より、この書付の通り申し付ける予定です。この普請についてはすべて私の方から申し付けるつもりです。

（二月五日付 魚住傳左衛門尉宛忠利書状案 大一一―五九一）

八代領の井手堤普請六カ所については、百姓側からの要請があったのである。そしてこの普請については二月十五日から自分が申し付けるつもりだと書き送っている。

忠利が「この国ほど普請の多い所は美濃国（現岐阜県）のほかには知らない」（大一一―五九四）と言い、父・三斎も「井手堤ができても水がしょっちゅう出てるので度々仕直さなければならない。思いのほか水所だ」（大五―一一八〇）と言っている、それほどに「水の国熊本」は洪水も多く、井手堤普請の多い地域だったのである。

三斎の八代城と井手堤、海辺石堤の普請については、三斎が自身でする部分と熊本から忠利が命じてする部分とがあった。加藤時代から、八代城の大きな普請については熊本から侍普請でやっており、それを忠利も踏襲した。後の寛永十七年、大雨で崩れた八代城の修復普請で、三斎が幕府の大老酒井忠勝に宛てて「八代の城普請は、加藤代より、熊本からする所と、八代がする所とに分けていました。本丸は忠利が命じていて、早速普請の者を八代に派遣してきたので申し付けました」（大八―一九三六）と書いていているように、八代城については、加藤代から本丸は熊本が普請すると決められていた。三斎・忠利の父子で、普請の箇所により、どちらがどういう普請にするか、細かくやりとりをしている。しかしながら、八代の井手堤普請は寛永十年のうちには成就しなかった。翌年の寛永十一年正月七日付の三斎書状（大七―一八〇三）には次のようにある。

八代郡の井手堤の普請は、一昨年加藤家が改易になったので、国中一切なく、また、去年は細川家が熊本に入国して混乱していて、この年も八代郡の井手堤普請はなかった。それで、思いのほか普請をしなければいけない所が多くなり、手間が要るようになったと、百姓共が御郡奉行まで申告してきた…

加藤改易・細川入国直後の混乱のなかで井手堤普請もすぐにはできず、それにより、ますます普請しなければならない箇所が増えて、翌年に持ち越され、百姓たちから郡奉行に訴えが提起されたのだった。

普請に対する忠利の基本姿勢

そうした井手堤普請の一方、先にも触れたように肥後入国まもなくの寛永九年十二月二十九日の夜には、江戸の池田光政屋敷より出火して、細川家の上屋敷が類焼した。

江戸上屋敷のことは、あなた（榊原職直《さかきばらもとなお》・曽我古祐《そがひさすけ》）に相談して決めた上で、作事をさせるつもりです。作事の様子、長屋・台所・入り口・居間・馬屋などの類まで申し付けるつもりです。縄張りの時は、一度見に行ってください。まず、今年は作事を軽くします。というのは、自分が第一にしていることは、熊本の兵粮米、有事に熊本から兵隊を連れて江戸に罷《まか》り上《のぼ》る金銀を貯えること。この貯えがなくては肥後のような大国を預かった甲斐がない。それで、一度に作事はできないのです。

（寛永十年正月十日付 榊原職直・曽我古祐宛忠利書状案 大一七―一九二〇）

忠利は、江戸屋敷の作事について、幼なじみで親しい榊原・曽我に、大国を拝領した自分の普請の在り方として、その大国たる役を果たすための貯えが第一で、江戸屋敷作事も一度にはできないから、今年は長屋・台所・入り口・居間・馬屋など迄にして、軽く申し付けると書き送っている。有事に熊本から侍たちを召し連れて江戸に駈け付けるだけの貯えが第一だというのである。そして、江戸にいる熊本藩の作事奉行と大工に対しては次のように指示している。

江戸上屋敷の作事のことは、老中稲葉丹後殿から詳しく言ってきている。なるだけ軽くし、長屋なども角矢倉《すみ》も要らない。六（光尚）と自分、奥方まで居ることができれば十分なので、検討して申し付けるように。それも、なるべく粗相にするように。六が客に会う所ばかりを、少し見苦しくないように、なるべく物が要らないように申し付けよ。

（三月十三日付　林弥五左衛門・横山作兵衛・川田八右衛門宛忠利達書案「御國御書案文」一〇・二三・二四・二）

江戸上屋敷は、息子の六（光尚）と自分と室の千代姫だけが居る所なので、六が人と会う所だけ見苦しくなければ、あとは如何《いか》にも粗相に物が要らざるように、と申し付けている。

そして、類焼というこの災難さえも忠利は、「この度大国を拝領して、あらゆることに過分な身に余ることで、どうかと思っていましたが、今度の江戸上屋敷の災難は、かえって満足です」（久貝正俊宛忠利書状案　大一七―一九一八）、「この度大国を拝領して身に余る過分なことで、空おそろしく思っていましたところ、江戸上屋敷の災難は身のまじないで大変安堵いたしました」（伊丹康勝宛忠利書状案　大一七―一九一九）と、大国を拝領したことの厄除けとして、前向きに捉える旨を幕閣に書き送っている。こうした前向きな発想は、当時としては当たり前だったのか、それとも父・三斎に影響されたものだったのか。慶長十三年、忠興（三斎）は杵築《きつき》城主だった松井康之に宛てて、杵築の火事をその方の今年の「役拂」（厄払い）だと言い、自分の小倉城の石垣崩れについても、当国の厄除けになり、万事をめでたい吉事にする吉兆だと書き送っているから驚きである（六月二十四日付　松一―八六）。

寛永十年正月二十一日、小田原大地震が起きて、老中稲葉正勝の居城・小田原城は矢倉も残らず崩壊した。この時は熊本は揺れなかったが、国元にいた忠利は、「江戸城御本丸には庭はありませんか。私が居る熊本城も本丸には庭がなく、いつも不安に思っています」と、江戸にいる土井利勝に安否を尋ねる書状の中で不安を口にしている（二月八日付 大一七―二〇一四）。

また、二月二十五日の菅沼定芳宛ての書状（大一七―二〇五四）では、「だいたい熊本も地震繁き所です」と言っており、忠利の時代、近世初期は熊本は地震の多い所として認識されていたようである。そして、同じ菅沼定芳宛ての書状の中で忠利は「小田原城御門わき、そのほか所々の石垣、御本丸の御殿、多くの矢倉、天守まで、幕府から公儀普請として命じられるとのこと、そして幕府の普請奉行まで決まったとのことで、稲葉丹後は御幸せなことです」と、小田原城普請が石垣・本丸御殿・矢倉・天守に至るまで公儀普請として行われることになったことについて、稲葉正勝は幸運だと言っている。

寛永十年熊本地震と熊本城

その関東大地震の影響か、熊本でも三月から五月にかけて地震が度々発生したようだ。次に示す三月十八日付の、後の伊勢菰野《こもの》（現三重県）藩主・土方雄高《ひじかたかつたか》に宛てた書状（大一七―二〇八八）で、「如御書中、家中之家事之外損、思召外ニ而候」と書いているところから、三月十八日以前、少なくとも二月末から三月初旬のうちには熊本でも地震があったものと思われる。肥後入国の祝儀の使者が持参した土方の書状の中に、熊本地震について見舞いの文言があったのだろう。その返札として忠利が書き送ったものである。

　あなたからのお手紙にあったように、家中の侍たちの家は思いのほか壊れて、あなたが思っていらっしゃる以上です。その上、肥後は木材がない所です。もしあったとしても、はるか山奥で、役には立ちません。特に去年の旱魃《かんばつ》で家臣の扶持米などさえない状態で、なかなか家など修理はできません。熊本城のことは、思った以上に矢倉が多く、家もつまっていて、少しも庭がない上に、度々地震で揺れるので、本丸には居ようもなくて、城の下に花など作って思いのほか広い屋敷があるので、まずその屋敷にはいって過ごしています。

（三月十八日付　土方雄高宛忠利書状案　大一七―二〇八八）

忠利が地震を避けて住んでいる花畠屋敷とは熊本城外、現在の熊本市中央区花畑町一帯に加藤家時代からあった広大な藩主屋敷である。

また、五月十一日付の美作《みまさか》津山（現岡山県）藩主森忠政宛ての書状（大一七―二一七七）でも、「熊本は度々地震で少しずつ揺れて、本丸には庭がなく心配で、二の丸へ下りて住んでいます。このごろは揺れていません」と、今度は、本丸での地震を避けて二の丸で過ごしていると書き送っている。同じ五月十一日付の江戸に居る忠利室千代姫・息子六（光尚）付の家臣である狩野是斎に宛てた書状では、次のように述べている。

一　熊本地震のことだが、少しずつ、頻《しき》りに揺れていたけれども、このごろは地震も遠のいてきた。危なくて、庭のない本丸には居られない。本丸には二畳敷（四㍍四方）ほどの庭もなく、四方が高石垣で、その上、矢倉・天守がかなり危ないのだ。

一　参勤で江戸に罷《まか》り下り、上様の御意を頂いて、地震屋がある庭を造らなければ本丸にはいられないということを、柳生宗矩殿へ話すつもりだ。

（五月十一日付　狩野是斎宛忠利書状案「御國御書案文」一〇・一三・二四・一）

ここで忠利が言う「地震屋」とは、藩主とその家族らの地震避難用の耐震建物である。後述のように、小倉時代の細川家では本丸に地震屋を設けていたのだが、熊本城本丸にはそれがなかった。だから忠利は、熊本城の本丸に居たくても居られなかったのだ。狩野是斎は、「先祖附」（南東一七）によると、将軍家光側近で大目付になったばかりの柳生宗矩の推挙で細川家に仕えるようになった。それで忠利は、柳生に相談すると書き送ったのである。

このように忠利は、相続く余震によほどの恐怖を覚えたのだろう。おそらく二〇一六年四月の地震で私たちが覚えた、絶えず続く余震のあの恐さと同じようなものだったのかもしれない。江戸にいる息子の六（光尚）に対しては、江戸留守居を通じてこう伝えていた。

熊本城二の丸東の石垣の小口が、今、二十間（約三十六・四㍍）ばかり抜け落ちているけれども、家臣たちにも怪我はなかった。その上に間近に高石垣があるけれども、水通りがよいように申し付けているので崩れることはないだろう。江戸に大袈裟に伝わっているだろうから、こうして書き送っているのだ。本丸はかなり危ないので、本丸には居ない。その上、今石垣が崩れている所の上には、家臣たちも置いていないので、心配しなくていい。たとえ石垣が少々地震で崩れても、家臣たちに怪我がないように申し付けているので、安心するように六にも伝えよ。

（五月十八日付 松野織部・町三右衛門宛忠利書状案「御國御書案文」一〇・二三・二四・二）

熊本城二の丸の石垣の地震による被害を伝えながらも、「本丸は危険で自分は居ない。その上、今崩れている石垣の上には人は置いていないので、地震で石垣が少々崩れても人的被害は心配ない」と述べて、息子を安心させようとしている。

寛永十年の洪水被害

五月末、肥後国中は大雨で多大な被害を受けた。忠利は次の史料に見るように、「洪水で球磨川の堤防が切れ町人の妻子は少し流れた。八代城も二の丸まで水が入って、家臣の下々の妻子までをも本丸に避難させて、人的被害を少なくしている」と、知己の大名たちに書き送っている。

肥後は洪水で、八代でも八代城二の丸まで水が入り、町は舟で行き来している状態だ。しかし、家臣の下々の妻子までも本丸に避難させて、人的被害は少ない。

（六月四日付 榊原職直宛忠利書状案 大一七―一二〇八）

肥後は洪水で、八代なども球磨川の大堤防が決壊して、町はいうまでもなく、八代城二の丸まで水が入ったけれども、町人の妻子が少し流されましたが、そのほかは少しも損害はなく、八代城本丸に家臣の下々まで避難させました。このような状態だったので、方々の堤防が切れて、その普請に掛かり切りで忙しく、御無沙汰していました。

（六月五日付 堀利政・駒木根政次宛忠利書状案 大一七―一二一一）

これらの史料は、災害時の避難所としての城の機能を示す例として実に興味深い。

この大雨の被害は佐敷・水俣から玉名にまで及び、忠利は、この大水による堤防普請に惣国として取り組み、しばらくは井手堤普請に掛かり切りであったようだ（七月九

日付 石河勝政宛書状案 大一七―二二六五)。

熊本城普請の申請延期

熊本城普請については、忠利は寛永十年八月五日の時点で、「肥後国隈本城廻り普請仕度所目録」(「御自分御普請」文・下・四五)として、棒庵坂より坪井川までの水通ほか全十一カ所、石垣にしたい所が小天守の下北の方ほか全二十五カ所、塀を掛けたい所が本丸北出口上り塀ほか全四カ所、そのほか塩屋町口門脇の川手の石垣ほか惣構えの中の全五カ所を記載させている。しかし、すぐに幕府に普請の申請をしたわけではなかった。後で述べるように、実際に申請するのは、翌年寛永十一年になってからである。

「逃げるところがない、しかも高石垣に囲まれた、地震屋のない熊本城」で恐い思いをした忠利が、何故すぐに幕府に城普請の申請をしなかったのか。その理由は、翌年の幕府への城普請の申請の文書で明らかなように、将軍家光の健康の状態であった。

忠利は地震の後、六月の大雨による国内の井手堤普請に追われていた。そのうちに九月から十月には家光が病気になり、将軍の病中であることを憚《はばか》って熊本城普請は遠慮していたのだと思われる。

次の史料は、作事奉行衆から郡方の奉行衆に宛てて忠利の御意を伝えたものである。

殿の御意を申し入れる。熊本町中の所々の御矢倉・塀の作事のための材木・杣木《そまぎ》を伐り出す件について、飽田郡内の大友山、玉名郡長洲山・万田山・大野山のいずれも船着場に近い所で材木を調達するようにと仰せ出されたので、その通り御郡奉行衆へ仰せ付けるように。

（十月三日付 作事奉行衆書状案「御郡方文書」八・五・七・一）

このように材木・杣の調達を指示した上で、年末には、忠利は家老衆に次のような指示を与えている。

一　本丸の家作事は、切組み・戸建具までの分はいつごろできるのか。これまた（江戸にいる自分まで）報告するように。それができて、本丸の家を崩させるつもりなので、その報告を待っている。

（十二月朔日付　家老衆宛忠利達書　松八―一五四四）

尚々、本丸の家作事について、家の修理する分はそのまま取り置くようにと申し付けよ。建て直す時は、江戸に伺いを立てるように。

（十二月二十七日付　家老衆宛忠利達書　松七―一三五一）

「本丸の家作事のための大工小屋でできる柱の梁《はり》の切組み、戸建具までの分は、いつごろできるのか。それを待って本丸の家を崩すつもりなので知らせるように」、そして「本丸の作事、家の修理の分はそのまま休止し、家を建て直す時は自分に伺いを立てるように」と命じている。

第二章

熊本城普請の開始と公儀普請——寛永十一年——

熊本城本丸地震屋の建設構想

翌寛永十一年（一六三四）一月、早速、忠利は「熊本城中、家ばかりで空き地がない。地震の時逃げる所がないので、自分が国元に帰る前に城中の家を壊して、地震屋を一つ建てたい」と幕府の老中衆に使者を出して相談している。決心していた「地震屋」建設を目標に、まず詰まって空き地のない本丸の屋敷の解体から実行に移したのである。次に示すのは、熊本藩から幕府へ派遣された使者の覚書である。

一　土井大炊頭様・酒井讃岐守様の所に参上して、口上で申し上げたことは、肥後熊本城中は家ばかりで、少しも空き地がありません。そのような状態ですので、去年も頻《しき》りに地震で揺れましたが、そのような時、避難する空き地がないので、城内の家を少々崩すようにと、国元に命じました。このようなことは、幕閣の各様へ届けるには及ばないことですが、城内に普請の者がたくさん出入りすれば、もし他国より何の普請などしているのだと、不審に思われては如何と思い、申し上げる次第です。そのように御心得ください。以上のことを、小杦《こすぎ》長兵衛、源納九郎右衛門を使者にして申し上げます。

一　右の御返事に、
御口上の通り、詳しく聞き届けました。熊本御城内、家が密集していて空き地がなく、地震の時避難する所もないので、御家を少々崩すように申し付けられた旨、御尤もなことです。以前も大層な御普請をなされる御大名衆は、上様にお聞きになってなされたけれども、今回の件は、それとは違って、以前よりあった御家を御崩しになるということなので、問題はありません。御念を入れられ、御使者の口上の通り承知した旨、上様が仰せられました。この旨、忠利殿に御報告ください。
（正月二十一日付　幕府御老中衆への口上覚「部分御舊記　城郭部全」一〇・七・一・七二）

忠利は、「熊本城中の家を崩すということだけでは幕府の許可は必要ないけれども、城中に普請の者が多く出入りしたら不審に思われるかもしれないので、あらかじめ断りを入れておく」と言っているのだが、城普請・作事について、常に忠利の頭にあったのは、元和五年（一六一九）の福島正則の改易だったのであろう。忠利が家督を継ぐ以前の元和五年四月二十五日付の父・忠興からの書状（大一―一九一）には次のように見える。

> 福嶋太夫殿の件は、広島城の普請を上様の御意を得ずにして、御法度に背いたということになって、福嶋殿は去二十一日の晩に急ぎ幕府に御使者を出したそうだ。内々話していた通りだ。そんなことだと思っていた。そうしたところで、いろいろ上様にお詫びを入れて、何とか改易は免れそうだ。しかしながら、新規に築いた分の石垣・矢倉は残らず破却するように、その福嶋の使者に命ぜられ、国元へお帰しになったそうだ。

福島正則は、武家諸法度に反して幕府の許可なく広島城の石垣・矢倉を普請したことが発端で改易にまで及んでいたのだ。当時、小倉城主だった忠興は、翌元和六年の小倉城普請について「普請可申付と存候つれ共、焼鳥のへおと一切不申付候」（大一―二〇五）と、「焼鳥に攣（へお）」、つまり用心の上にも用心をして、修理の必要な所を多く残したまま、忠利に引き継いだ。福島の改易事件以前から、忠興・忠利父子は元和の武家諸法度以来、城普請について非常に用心深く綿密に幕府の老中衆に相談して、石垣・塀・土居の新造は一切避けていた。元和四年四月一日付の忠利宛ての書状（大一―一五七）の中で忠興は次のように言っている。

小倉城も中津城も土居・石垣・塀・溜池の石堤以下、思った以上に壊れたので、以前のように直したいが、言うまでもなく、新規のことは決してしてはならない。

「小倉城も中津城も前のように修復したい。しかし言うまでもなく、新しく築くことは決してしてはならない」と、中津の忠利に念を押している。白峰旬は『日本近世城郭史の研究』の中で、福島正則改易事件について「元和五年以前は居城修補について の事前許可申請が諸大名（特に外様大名）に周知徹底していなかった可能性がある」（一四三頁）としているが、少なくとも細川家では、福島改易事件以前でも、元和元年令の主旨は十分認識されていたのである。しかしながら、福島のこの事件で、城普請には如何なる疑念も持たれないよう一層の注意を払わなければならないことを思い知ったのは、紛れもない事実であろう。元和九年、国元の家老衆からの伺いに忠利は次のように達している。

幕府に許可された修理普請は油断なく申し付けた由、尤もである。村上八郎左衛門尉屋敷の下の土居が抜けたことについて、石垣で修復してよいかとの伺いであるが、先度も伺いがあってその返事はしたはずだ。今、新規の普請を命じることはならない。極力、抜けないように土居で修復させるように。

（六月三十日付　小笠原民部少輔・長岡式部少輔宛忠利書状　松八―一五四八）

崩れた土居を頑強な石垣にしたいという家老衆の伺いに、忠利は新規の石垣構築を堅く禁じたのであった。

さて、忠利からの届け出に対して幕府老中衆からの返事は、「以前から大規模な普請をする大名衆は上様の御耳に入れてされているけれども、今度の熊本城普請はそれとは違って、以前からある家を崩すということなので御諚《ごじょう》（家光の許可）はいらない」という理由で、すぐに許可が出されたのだった。この許可を受けて忠利は奉行衆に次のように指示した。

熊本城本丸の家普請をする件について、幕府の御年寄衆にお伺いを立てたところ、家普請はしてもよいということだった。しかし、矢倉普請は絶対にやってはいけない。

（正月二十六日付 奉行衆宛忠利達書案「御國御書案文」一〇・二三・二一）

忠利は国元の奉行衆に本丸の家普請に取り掛かるよう指示を出すのだが、ここでも「家普請はしてよいが、矢倉普請は決して決して、してはいけない」と厳しく念を押すのである。二月二十八日付の家老長岡佐渡守宛ての達書では、正月十六日より本丸内の作事に取り掛かるとの報告を了承しているが（「御國御書案文」一〇・二三・二二）、ここで言っている本丸内の作事とは、前年暮れに休止していた本丸の家修理のことであろう。

また、忠利は「本丸座敷」の絵を書かせるために、絵書の矢野三郎兵衛を国元に下している（正月二十九日付　浅山修理等三名宛忠利達書　四一印二六　忠利三六一）。そして、自分が江戸にいる間の熊本城内の家普請ということで、幕府から派遣されてくる豊後府内目付衆に宛ててでも断りの書状を出している。城普請について常に用心を怠らない忠利の姿が見えてくる。

熊本城本丸は家が多いので、矢倉はいじらず、城中の家を壊して、私が国に帰る前に地震屋を一つ建てるようにと命じています。家普請のことではありますが、幕府の御年寄衆へも届けてあります。私が留守の間の普請ですので、何事かとお思いになるのではないかと、あらかじめ申し入れる次第です。

（二月二十三日付　豊後御目付大久保忠政・川口宗重宛忠利書状案　大一八—二四〇〇）

前の年、熊本城普請は、何より優先される用水堤の地方普請と、将軍への配慮という公儀への対応のために後回しになっていた。家を崩して空き地を作り、本丸に地震屋を建てるという地震対応の普請が急がれた。

井手普請への熱意

しかしこうした熊本城内の家普請の間にも、前の年にできなかった八代の井手堤普請は、三年間も滞ったため、普請箇所が多くなって大普請となっていた。百姓普請では到底不可能で、侍普請でも下々は草臥《くたび》れており、忠利は人夫を一国平均に申し付けている（大一一―七〇六）。国内の井手堤普請にも苦労していたのである。

前年の寛永十年七月、三斎は百姓たちから要望されていた井手堤普請を、八代城普請とともに途中で止めてしまっていた。忠利はその時、三斎が作事を止めたことについて、「公儀への配慮か御法度であれば、作事を止めるのもよいが、そうでなければ、かえって外聞は如何なものか」と榊原職直宛ての書状（大一七―二二八七）で暗に非難していた。それについて三斎は、正月七日付の忠利宛ての書状（大七―一八〇三）の中で、「自分は上方で隠居しようと思って、八代城二の丸に家も建てず、堤普請にも構わなかったが、稲葉丹後殿の意向で、肥後で朽ち果てる覚悟をしたので、こうして井手堤普請を進めているのだ」と明かしている。

また、忠利は熊本城本丸作事開始と同じ正月十六日に、大津の井手溝普請に役人を遣わしたことと、菊池郡大津の耕地開発が三月中ごろにはできるだろうという郡方《こおりがた》の奉行衆宗像清兵衛・牧丞大夫・高田角左衛門からの報告を受け、それを了承している（二月二十八日付、「御國御書案文」一〇・二三・二三・二二）。さらに、五月二十七日付の忠利達書では、阿蘇郡の耕地開発が三千石ほど、飽田郡内でも二百石ほどできたことを、やはり宗像ら奉行衆から報告を受けて、了承した旨を伝えている(「御國御書案文」一〇・二三・二三・二)。このように、入国早々、耕地の開発にも力を入れていた。

荒廃した熊本城の普請を初申請

忠利が熊本城普請について、家作事以外の普請を正式に幕府に申請したのは、三月になってからだった。将軍家光が健康を取り戻して、ある程度余裕ができたのを見計らってのことであった。三月、加藤時代からの塀・矢倉の修理の必要な箇所、そして前年の地震で破損した石垣の分も含めて、木型の絵図とともに、幕府に普請の申請をした。木型の絵図とは、北垣聰一郎『石垣普請』によると、城郭の地形の高低差を知るために作製した立体模型である。次に引用するのは、申請願書の覚である。

覚

一　熊本城のことですが、塀・矢倉の大半は、修理が必要ない所はない状態です。
　加藤肥後守忠廣代からの塀・矢倉の分は、差し上げました木型の絵図に挙げてあります。去年の地震で破損した石垣も同じ絵図に挙げてありますので、いちいち塀・矢倉の数は書いていません。一度には修復できないので、許可が出た分を段階的に修復したいと思っています。

一　熊本城二の丸と三の丸の間に二百二十一間（約四百㍍）の水落としの溝があります。深さは、一間又は二間余（一・八二～三・六四㍍余）もあります。そこが、思った以上に脇の方が壊れたので、幅三間（五・四六㍍）にして、溝の脇を石垣にしたいと思います。

一　熊本城の「しまり」が悪い件について、三の丸の備えのことは、口上で申し上げます。ただし、この件については、御老中衆が必要ないとお思いになれば、上様には御尋ねになりませんように。

（三月十七日付 願書の覚「御自分御普請」文・下・四五）

この願書で驚くべきところは一条目、熊本城の塀・矢倉のほとんどに修理が必要だと言っている点である。入城してすぐの十二月二十五日付の伊丹康勝宛書状（木稿一四頁）で述べていたように、おそらくぼろぼろの状態だった熊本城の修復普請を、忠利はようやく幕府に申請したのである。大変な普請であるので「一度にはできない。段階的にやっていきたい」と述べている。二条目は、新規の石垣構築の申請である。三条目については、熊本城の「しまり」が悪い、つまり防御《ぼうぎょ》上の備えが悪いということである。三の丸の防禦のための普請ついては、口上で申し上げるが、これは前もって老中衆が必要ないと判断されれば、上様の御耳には入れないでくれ、としている。忠利は三月十八日に幕府に申請し、即日御諚（家光の許可）が出て、忠利は国元の家老衆・奉行衆にすぐにその旨を報告する。

このところ、上様は代替りの御用などでお忙しかったので、熊本普請のことも、幕府の御年寄衆にも申し入れていなかった。ようやく、御時間がおできになったので、昨日、御年寄衆まで申し入れたところ、すぐに昨日のうちに上様の御耳に入れてくださって、私には、思うままに普請を申し付けるようにとの上意があった。幕府・他国との関係でも、城の普請にとってもありがたきこと、この上ないことだ。梅雨前に、壊れた塀・矢倉は修理をするように。堀、そのほかの石垣・土居などは重ねて絵図と口上で報告するように。その上で命じる。

（三月十九日付　家老衆・奉行衆宛忠利達書　松一五―一二六八一二）

「梅雨前に、何とか破損している矢倉や塀は修理するように。堀、石垣、土居などの普請は、重ねて絵図と口上で御諚を得るので、それから取り掛かるように」と忠利は今後の普請の意向を示すのだった。この達書には、追伸があって、「ただいまも将軍から御城にお召しがあって、熊本城の普請について、直々にいろいろとありがたい御諚があったから、安心するように」、つまり上様に御目見して直接許可されたと、国元の家老衆・奉行衆に知らせている。

熊本城普請について幕府の老中衆から正式な許可の奉書が届いたのは、四月になってからである。

熊本の城、矢倉、塀破損修復のこと、崩れた石垣ならびに築きかけの石垣を築くこと、二の丸と三の丸の間の水落とし幅三間の両脇を石垣にしたいとのこと、承った通り上様にお伺いしたところ、申し付けるようにと仰せ出されたので、そのように御承知ください。

（四月十四日付　江戸幕府老中連署状「御自分御普請」文・下・四五）

本丸と花畠屋敷の作事

この幕府の老中衆の奉書を待って、次の達書に見られるように、早速忠利は熊本城普請を申し付ける。その間も本丸の家作事は続けられていて、忠利は国元にその進捗状況の報告を度々求めている。一方で、忠利は居住の花畠屋敷の作事に六月から取り掛かるように命じている。

一　竹内小源次屋敷の前の崩れた石垣を、梅雨に入ると心配なので、早々に修復するように。石垣の築き留めは坂なりに、いいように検討して申し付けよ。

一　堀・矢倉も、本丸から次第に修復以下を申し付けるように。また、庄林隼人の屋敷裏の矢倉も、これも直ちに取り掛かって修理すること。

一　本丸の家は、何ほどできたか。便宜に報告するように、作事奉行に命じること。

（四月十九日付　家老衆・奉行衆宛忠利達書「御國御書案文」一〇・二三一・二三・二）

一　作事奉行たちに申し渡す。作事が少々できたことは承知した。花畠屋敷の作事は、六月から申し付ければ勝手がよいとのこと、ならば、その分で申し付けてよい。（四月五日付 奉行宛忠利達書 三九印八 忠利八四一）

次に引用する史料によれば、五月末から閏《うるう》七月初めには、一部の石垣と矢倉の修復は完了していた。また、四月に命じていた竹内小源次屋敷前の崩れた石垣や、庄林隼人屋敷裏の矢倉の修理も完了した。この時期に忠利が家老や奉行衆に書いた手紙には次のようにある

一　竹内小源次屋敷の前の崩れた石垣が五月三十日に完成したことは承知した。なお、春木金大夫屋敷の裏から源太左衛門屋敷方へ二、三カ所石をあけた跡に石垣を築き入れること。また、鉄炮の薬を入れた蔵の際に橋を架けるために築きかけているが、この分は川を塞《ふさ》き止めるべきか。棒庵前から坪井川への石溝は、絵図に挙げているけれども、これは、石を寄せて置いておけば、私が帰国してから申し付けるつもりだ。

（六月二十三日付長岡佐渡守宛忠利達書 松六―一一八一）

一　熊本城本丸の作事についてできた分を報告してきた書付、承知した。
一　庄林隼人屋敷裏の矢倉の修理も大方できたことも、承知した。
（閏七月五日付　奉行衆宛忠利達書「御國御書案文」一〇・二三・二三・二）

この史料から見ると、熊本城本丸の家作事も七月にはできたと推測される。六月から命じていた花畠屋敷の作事も終わったのだろう。

一　私は上方から帰国したら、まず花畠屋敷に入って、吉日を選び新宅へ移るつもりである。
（八月二日付　家老・奉行衆宛忠利達書、松八―一五四七）

一　私が上方にいるうちに熊本の居宅の作事を少々申し付けていて、それができたので、今日が吉日なため、引っ越しました。
（八月十六日付　有馬直純宛忠利書状案、大一八―二五四〇）

熊本に帰国してまず花畠屋敷に入って、吉日の八月十六日に移徙《わたまし》した新宅というのは、花畠の新宅というより、本丸の新宅と考えた方がいいだろう。

熊本城「しまり」の普請

将軍家光の上洛に従って京都にいた忠利は八月、三月十七日の願書の三条目の熊本城の防禦上「しまり」無い所の普請について、二条城で家光に口上で願い出て、直に御諚を得る。

熊本城のしまりが悪い所のこと、この度上様が直々に仰せ出されました。この後、絵図で申請された通り、段階的に普請を申し付けて結構です。

（八月二日付 江戸幕府老中連署状案「御自分御普請」文・下・四五）

熊本城のことも、しまるように普請を申し付けてよいとの上様の上意で、御年寄衆の御取成しによって、いろいろありがたきこと、書中に申し尽くしがたいことです…御年寄衆から、また普請のことについて奉書を下さって、したき所望みのままの普請ですが、一度にしては家中の草臥《くたび》れになるだろうということで、年々に申し付けよ、とのことです。

（八月七日付 榊原職直宛忠利書状案 大一八―一五一三）

忠利が榊原に、「一度にやっては家中が草臥れるから、年々に申し付けよとの幕府の老中衆からの奉書である」と書き送っているように、何年も掛かることを見越しての許可であった。しかし、十月五日付の土井利勝宛書状案（大一八―二六二六）に、「熊本普請もそろ〱申付候、過分成冥加之儀候」とあるように、忠利が実際熊本城のしまり普請、つまり備えの普請に取り掛かったのは、十月になってからだった。

江戸城公儀普請―忠利の本音

このように寛永十一年に幕府の許可を得て始まった熊本城普請も、「年々に」、つまり数年にわたって実施せよ、という幕府からの指示ではあったが、なかなかスムーズには進まなかった。そうした中で、寛永十三年の江戸城普請で、熊本藩は石垣普請の手伝いを仰せ付けられることになったのである。忠利は表向きには、「来々年御普請之由、近比満足仕候、御代ニ手足もくつをれ不申内ニ、加様之御普請なり共、望ニ存候、満足不過之候、随分精を出、人並にハ可仕と存候間、可御心安候」（十月十八日

付　岡孝賀《たかよし》宛書状案　大一八―二六四七）と、将軍家光の御医師岡孝賀に対して、「家光の代になって自分が身代が崩れないうちに公儀御普請を命じられて満足である。精を入れて人並みには務めたい」と幕府への御奉公を誓う。さらに、翌寛永十二年正月二日付の榊原職直宛ての書状（大一九―二八〇四）では、次のように述べる。

肥後国を拝領してから初めての公儀御普請なので、精を入れてやりたいと、幕府の御年寄衆まで申し入れようかと、長岡式部少輔（松井寄之）がもうすぐ江戸へ行って、その上であなたに相談するということです。江戸城の御門口一つは、ともかく築くように、内々その用意をするようにと、江戸留守居に言ってくださったとか。ありがたく思います。

忠利は、肥後国を拝領して初めての公儀御普請で精を入れたい旨、幕府の年寄衆に使者・長岡式部少輔を遣《つか》わして申し入れるので、使者が江戸に着いたら榊原に相談させたいと伝え、また、榊原が熊本藩江戸留守居に対して、江戸城御門口一つは築くようその準備を内々するよう指示してくれたことに、謝意を述べている。

しかし、こうした公儀に向けての「御奉公」の気持ちの一方で、義兄の小倉藩主・

小笠原忠真には、「再来年の江戸城普請を命じられたので、早くもその支度を命じました。あなたなどは公儀普請はないでしょうから、羨《うらや》ましく思います」（十一月四日付 小笠原忠真宛忠利書状案 大一八―二六六六）と、公儀普請のない譜代大名の忠真に、羨ましいと本音も漏らしているのである。

江戸城公儀普請の準備

忠利は早速、次に示す史料に見るように、石垣に心得のある者を兼ねてから多く召し抱えていることを幕府側に伝え、伊豆の細川家の石切場、江戸の小屋場・石上場の確保など、その準備に入る。

来々年、江戸城御普請とのこと、このように前もって教えてくださったこと…細川は石垣の手伝い普請だそうですね。いよいよ、今までと同様にお手伝いできるようにと思っています。石垣に心得のある者をかねて随分抱え置いています。

（十月十八日付 柳生宗矩宛忠利書状案 大一八―二六四九）

そして自身も、九月から十一月にかけて肥後の領国内の巡検を実施する。

最近まで肥後国内の国廻りをしていて、また、一両日中に国境まで出かけて、（江戸城普請の）石垣の土台木など肥後から廻し、そのために下々に山入りなど申し付けようと思っています。（十月十八日付 内藤正重宛書状案 大一八―二六五〇）

無理に歩いたら、達者にはならず、散々足は腫れて、筋が痛くなりました。完璧に不達者です。只今も灸を据えていますので、この手紙は右筆に書かせています。（十月八日付 榊原職直宛忠利書状案 大一八―二六三九）

肥後もまだ国境を見ていない所があって、この間歩いています。今度の江戸城御普請のことを承りましたので、一両日中に国境まで行って、御普請道具など取るように、下々の山入りを申し付けようと思います。（十月十八日付 岡孝賀宛忠利書状案 大一八―二六四七）

忠利は肥後国内の国境まで「無埋に歩いて、散々足は腫れ筋は痛み、灸をして」実見し、石垣の土台木となる木材を取るための山入りを下々に命じている。普請の石や普請道具の値段を江戸や方々で調査させ、費用の削減を図るなど、江戸城普請の準備は大変なものであった。

寛永十二年になると、いよいよ翌年の江戸城普請の準備に忙しくなった。

今度の江戸城御普請は、少しのことです。石垣を築く者、そのほか侍は少しで済む普請です。上様が代替りして初めての御普請なので、必要でない人も侍も、いずれも多く江戸に下るだろうけれども、石垣を築く頼りにはならず、国の草臥れ《くたび》になるだけでしょう。（正月二日付　加々爪忠澄宛忠利書状案　大一九―一八〇九）

上様の初めての御普請だからと、必要でない人も侍も普請場に多く集まると思いますので、それでは国の草臥れになりますし、また、上様の御石垣普請の御用には立たないので、必要ないことと思いますが、如何《いかが》お考えですか。

（正月二日付　堀直之宛忠利書状案　大一九―一八一一）

この二点の史料に見るように、忠利は、江戸城普請の準備をする中で、家光が将軍になって初めての御普請だからといって、普請の侍・下々の者を過分に江戸へ下すことは国の草臥れ（領国の疲弊）になる、石垣の御用に必要な人数だけでいいと言っているのだった。

細川家の穴太《あのう》衆

二月七日、忠利は国元の家老衆・奉行衆に具体的な指示を出している。

一　細川御抱えの鉄炮の者は八百人

一　今度、新規に召し抱えるように命じた長柄の者は三百人

一　穴生（太）の者の分は、大勢いなければならないだろうから、弥左衛門・儀太夫・安兵衛、ほかに縄を見る者六人に命じて、江戸に上げるようにすること。

一　この書状が着き次第、今度、大工の横山作兵衛から要望があって新規に召し抱えた石を切り合わせる大工を、早々に江戸に上げるように。その者の名を忘れたが、作事奉行が知っているだろう。

（二月七日付　家老衆・奉行衆宛忠利達書案「部分御舊記　普請作事部一」一〇・七・一・五九）

江戸城普請に家中の鉄炮衆八百人、そして新たに抱えるように命じた長柄衆三百人を動員する。三条目の弥左衛門・儀太夫・安兵衛は細川家が抱えていた穴太衆（石垣

を築くことを専門とした石工の集団）と思われる。このうち儀太夫は、戸波儀太夫のことであろう。戸波家の「先祖附」（南東一〇）によると、先祖の戸波駿河は信長に仕え、その子・駿河は家康代に近江国坂本で知行五百石を拝領し坂本の高畠という所に居住していた。戸波儀太夫は駿河の次男で、細川忠利には元和十年正月五日に召し抱えられたという。

　元和六年（一六二〇）、大坂御普請で細川が石垣を担当した時の忠興（三斎）から家老衆への達書（五月二十八日付　松七―一二四五）の中には、「穴大（太）駿河むす子、此方へ請取候由、余所之穴大ニ遣物（者）を能聞届、たらすあまらぬやうニ可遣候事」とある。つまり忠興は、穴太駿河の息子を細川家で受け入れた知らせを聞いて、ほかの大名家に行った穴太のこともよく調べて、穴太は足らないように余らないように適度に雇うようにと言っているのであるが、この史料によると、戸波儀太夫は元和六年から忠興に召し抱えられ、その後忠利に仕えたようである。ちなみに寛永元年の大坂御普請では忠利は戸波丹後・堀金出雲を穴太として使っている（五月二十三日付長岡式部少輔・有吉頼母佐宛達書松二―五一九）。

五九頁の二月七日付の史料に戻ろう。弥左衛門、安兵衛は沢村安兵衛である。忠利は、この者たちのほかに縄見をする穴太衆六人を江戸に派遣するよう命じ、大工作兵衛の要求により召し抱えた石大工もまた早々に江戸に派遣するようにと、公儀普請に向けて着々と国元に指示を出していた。これを受けて、次の者たちが江戸に派遣された。

一　石垣の縄を見るために、真野九兵衛・原田又左衛門・沢村安兵衛・戸波儀大夫、このほか、佐渡守（松井興長）の家来一人、頼母佐（有吉英貴）家来一人、鉄炮の者のうちから三人、石切合わせの大工一人を江戸に差し越すとのこと、沢村弥左衛門は、病気で快復次第江戸に上るとのこと、承知した。

（三月十六日付　家老衆・奉行衆宛忠利達書案「忠利公より御家老＃御奉行等江之御書案」四・二・九七）

この達書の中で、沢村弥左衛門は病気なので、快復したら江戸に上るとの国元からの上申を承知した旨、忠利は述べているが、弥左衛門については小倉時代の元和八年十一月九日付の塩飽《しわく》（現香川県）の石についての報告書（「公義御普請」文・下・

四六・一）には、「沢村弥左衛門方御用ニ立申石之由、見被立候」、「沢村弥左衛門方見被申、あしき石之由被見候也」、さらに「沢村弥左衛門方古石御改石堀夫数」として「弐百三拾三人」との記録がある。元和七年の大坂御普請の名簿には、「諸道具ノ御奉行」として、沢村弥左衛門・戸波儀太夫の名前がある（「公義御普請」文・下・四六・一）。
また、肥後に来てからは、寛永十一年「今度御普請ニ被召寄候御侍衆覚」に「御穴生
戸波儀太夫　知行高弐百石　澤村安兵衛　同百五拾石」（「公義御普請」文下・四六・二）、さらに寛永十二年八月二十九日付の「来年江戸御普請ニ参御侍衆人数之事」（同）には、長岡右馬助組《うまのすけぐみ》筑紫大膳《だいぜん》小組《こぐみ》の戸波儀太夫は高三百石で九人、長岡勘解由《かげゆ》組藪図書《やぶずしょ》小組の沢村安兵衛は高百五十石で七人とある。つまり、江戸城普請に穴太の戸波儀太夫は九人、沢村安兵衛は七人の小者を動員することが許されたということである。
沢村安兵衛は、寛永四年十二月十四日付の「奉書」（一〇・七・七）に「来年も御普請に罷り上って見習いをしたいと願い出て、殿様の許可が出た」との記録があるので、それ以前の寛永二年の公儀御普請にも見習いとして加わっていたのかもしれない。こ

の沢村安兵衛は、江戸城普請の時、石に腰を掛けているところを忠利が見て、無精者だと言って扶持を没収したという記録（寛永十九年八月十七日付「奉書」一〇・七・二二）があるので、寛永十三年の江戸城普請に動員されても、すぐに解雇されたものと思われる。なお、穴太戸波家については、北垣聰一郎が『石垣普請』で詳しく紹介している。

熊本城普請は進捗せず

一方、熊本城普請の方の進捗状況は、次の史料に見るように、五月末の時点でも「最初の絵図の分さえできておらず、そのほかはいまだ申し付けていない」状態だった。

熊本城普請のこと、かねて知っているように、絵図を提出して申請した。その後、できる所を見計らいながら、連々と申し付けるようにとの御年寄衆からの奉書もあったが、まず絵図の分さえできていないので、そのほかは、いまだ申し付けずにいた。しかしながら、五月二十三日に、酒井讃岐守殿の所へ参り相談したところ、上様の御諚を得ており、その上確実に奉書をもらっている以上は、少しも遠慮はいらないので、普請を申し付けてよいとおっしゃったので、鉄炮の薬蔵から春木金大夫屋敷方への石垣の上、また、金大夫屋敷の門口から清田石見《いわみ》屋敷の裏にかけての塀を申し付けるように。一直線の石垣が続く箇所には塀を所々で打って、鉄炮の弾除けをつくるように、沢村大学の所に行って大学に好ませてつくらせるように申し渡せ。なお、塀で防禦してもよい箇所は、便宜に申し越すように。追って申す。上様の御病気もすっかり御本復になられたので、熊本城塀のことを命じる。しかしながら、また重ねてこの方より指図するので、その間に塀を掛ける所を見積もって、柱など必要なだけ、ゆっくりと木取(用材に適するように材木を切ること)しておくように。急いでする必要はないので、そのつもりで。

(五月二十五日付 家老衆宛忠利達書案「忠利公より御家老并御奉行等江之御書案」四・二・九七)

この史料に見るように忠利は、五月二十三日に、熊本城普請について酒井讃岐守の所に相談に行ったのであった。酒井の返事は「御諚(家光の許可)をもらって奉書が出ている上は、少しも遠慮なく申し付けてよい」とのことで、忠利は、熊本城内の鉄炮の薬蔵から春木金大夫の屋敷までの石垣の上、金大夫屋敷の門口より清田石見屋敷の裏にかけての塀建築を命じる。前年に出た普請の許可は時間を掛けて段階的にとのことではあったが、老中奉書が出てからすでに一年を過ぎたこともあって、忠利は念を入れて再度許可を得たのである。この達書の中で、「上様の病気が治ったので、城塀を申し付けたい」と言っているので、江戸城御普請に追われていただけでなく、この間、おそらく家光の体調が良くなく、熊本城普請の方は遠慮していたのだろう。

「奉行所日帳」（一四・一六・五〇）によると、五月二十五日に熊本廻り惣普請奉行、六月二十六日に御花畠の作事奉行と惣奉行が忠利の命令を受け、熊本城廻り、花畠屋敷の作事がいよいよ本格化する。

第三章　寛永十二年武家諸法度・領国支配と熊本城普請

武家諸法度の改訂

六月二十一日、諸大名衆が残らず江戸城に出仕して、武家諸法度の改訂が公布される（大一九―二九四九ほか）。城に関する条項は次のとおりである。

一　新規之城郭構營堅禁止之、居城之隍壘石壁以下敗壊之時、達奉行所、可受其旨也、櫓塀門等之分者、如先規可修補事、　（『徳川禁令考 前集第一』）

これ以前の元和元年の武家諸法度では、次のとおりであった。

一　諸國居城雖爲修補、必可言上、況新儀之構營堅令停止事、城過百雉、國之害也、峻壘浚隍、大亂之本也、　（同前）

寛永十二年の武家諸法度を元和元年のものと比較してみると、新規に城郭を築くことは堅く禁じられ、堀・石垣の修復は幕府の奉行所への届出制とし、矢倉・塀・門は許可がなくても修復可能だとするなど、前令をさらに具体化・明確化していることが分かる。

忠利はこの新令を受けて、六月二十三日、国元の家老衆・奉行衆に宛てて次のように指示している。

一　先日申し遣わしていたように、次の指示次第で取り掛かるようにと命じておいた春木与吉屋敷裏から清田石見屋敷までの石垣の上の塀、薬蔵の裏の塀の二カ所ともに、塀掛けに取り掛かるように。上様の病気も良くなり、その上、修理の普請も快く許可されたので、そのように心得よ。

（「忠利公より御家老并御奉行等江之御書案」四・二・九七）

先に命じた塀掛けについて、上様の病気も良くなったし、その上、繕普請も心安く許可されたので、開始するように指示している。こうして、城普請と花畠屋敷の普請が進められることになった。「奉行所日帳」（一四・一六・五〇）の七月十三日の条には「御花畠落札、八百弐拾壱石九合ニ落申也」との記録がある。花畠屋敷の作事の落札額は、現在の貨幣価値でいえば、約八千二百万円程度といったところであろうか。七月三十日付の熊本藩家老衆宛書案（「忠利公より御家老并御奉行等江之御書案」四・二・九七）には、次のようにある。

一　熊本城普請は、どこまでできたか。その都度報告するようにと、奉行に申し付けるように。

一　花畠屋敷の普請は、これもまた、その都度報告するように申し付けること。

また、七月十二日付の惣奉行衆宛達書（四〇印三七　忠利九一五）では、「熊本城竹の丸の広間を秀林院の方へ移動させた旨、承知した。屋根を柿葺《こけら》きにするように」と惣奉行衆に命じている。現在残っている熊本城内絵図には見いだせないが、忠利は、母ガラシャを祀る秀林院を城内に設けていたのである。また、「奉行所日帳」（一四・一六・五〇）七月二十三日の条には、新堀御門から坪井方面に出る豊後街道筋の観音坂の下の橋の作事奉行に、和田清太夫・續五兵衛を申し付けたとの記載がある。

台風被害への対応

武家諸法度新令が出されてまもなく、七月二十五日に肥後国中が大風に見舞われ、各郡に多大な被害が出た。「奉行所日帳」（一四・一六・五〇）によると、翌七月二十六日から八月二日の間に、久住・大利（産山村）・小国七二二軒、合志郡四一九〇軒、

阿蘇一一四一軒、山本郡一八八一軒、菊池郡一九五一軒、八代郡七二二軒、下益城二二四六軒、上益城四四九二軒、鶴崎《つるさき》・佐賀関六三七軒、野津原五五四軒、玉名郡四五一一軒、山鹿郡二五二九軒、詫麻二五二五軒、隈府町六一軒、川尻町一〇八軒、熊本廻り一七七三軒の家屋損壊が報告された。

忠利は、すぐに国元の惣奉行に大風で被害を受けた者の目録を出させ、切米取・歩小姓・鉄炮の者に三十目、小者・中間に銀子二十目など、その身分に応じて竹・木・金銀を遣わしている（八月二十日付 大風ニ而家之ころひ候者へ遣竹・木・金銀之目六「部分御舊記 災変部全」一〇・七・一・八七）。そして、熊本城もまたこの大風で塀・矢倉に被害を受けた。

新令にのっとって、忠利は早速、国元の惣奉行衆にこう伝えている。

一　熊本城の塀・矢倉が破損したとのこと、今度改正になった武家諸法度には、塀・矢倉の修理は許可がなくても命令できるようになったので、安心して修理を申し付けよ。堀と石垣の分は、江戸の私の所に伺いを立てるように。堀・石垣は、幕府の奉行衆まで届けなければできない分である。

（八月二十日付 奉行衆宛達書 三五印四一 忠利一九八）

忠利は、武家諸法度新令の内容を国元の担当奉行衆に確実に伝達し、確認を取っていたのだ。またこの達書には、次の一条もある。

一 大風の件について、家中の者に竹・木・銀子を遣わすことについては、よくよく念を入れて、一刻も早く遣わすように。念を入れるということは、損をしないようにということではない。遣わさなければならない者が落ちないように念を入れよということである。

大風で被害を受けた家中の者へ、よくよく念を入れて一刻も早く竹・木・銀子を遣わすように、と命じた後、「念を入れるというのは、損がないようにということではない。遣わすべき者に落ちがないように念を入れるということだ」と、ここまで念を押している。

忠利の細かい指示により、支給対象者が再度調査されて報告されたようで、翌寛永十三年正月二十七日、忠利は当初は漏れていた八十六軒分について、同じ額で銀子を支給するようにと奉行衆に命じている（「忠利公より御奉行中江之御書并鎌倉御逗留之内御家老中江之御書」四・二・九六）。また「奉行所日帳」（一四・一六・五〇）の十一月七日の条には、「山々浦々ニ伐之御材木、切置候分、入札ニ而木運賃ニ而熊本へ取よせ可申候事」との記録があり、大風による被害に対処するため、肥後国内の各地から、入札による運賃で材木を熊本に取り寄せている。

江戸普請に大散財

ところで、次の史料に見るように、じつはこの大風の前から、江戸御普請の準備には金銀がいる状態だった。

一　思っていた以上に、今年は江戸城御普請の準備に、熊本で概算していた額の五倍もの金銀が要った。それは第一に、伊豆の石切場に家臣の役人が行っていないので日雇いの者を雇って石を切り出しているが、これがまた過分の出費になっている。今年中に熊本から鉄炮の者を石出しに必要なだけ派遣しなければ、予想外のかなりの家中の出費となるだろうと思う。

（七月二十五日付　家老衆・奉行衆宛忠利達書「忠利公より御家老并御奉行等江之御書案」四・二・九七）

忠利は、公儀普請の出費増大に心を痛めていた。そこに大風による肥後国中の被害であった。

江戸城御普請については、以前加藤忠廣代の時も、百姓が大勢、肥後から江戸に動員されたということだ。それについては、内々その用意をしておくようにと命じていた。しかしながら、百姓たちは江戸御普請に来るよりも、今年から来年は国元の井手堤の普請や、そのほか農業に精を出して、井手堤普請が終わったら、年貢納入を世話するように惣百姓に命じた方がましではないかと思う。但し、今年も少しは江戸普請の夫銭《ぶせん》を出し、家臣それぞれの江戸での普請の費用にするべきではないか。この件については、家老衆が相談して同じ考えならば、百姓たちは国で農業に精を出させようかと思う。

（八月十二日付　惣奉行衆宛達書　三九印一三　忠利八四六）

江戸の公儀普請には、加藤代にも熊本の百姓が大勢下ったので、その覚悟をしておくように申し付けていた。しかしながら、大風で被害を受けたので、百姓は江戸普請に来るよりも、今年から来年までは国元で井手堤普請や農業生産に精を出して、井手堤普請が終わったら、年貢納入のことを惣百姓に申し付けた方がいいのではないか、というのである。さらに九月十七日には、次のように奉行衆に指示している。

一　百姓を江戸御普請に下すこと、これも必要のないことである。百姓を夫役《ぶやく》に動員せねばならないが、百姓たちも大風の被害に遭ったので、国で作に精を出し、井手堤の普請をしっかりやるようにと、堅く申し付けること。

（九月十七日付 奉行衆宛達書 四〇印三三 忠利九一一）

江戸御普請には百姓は使わないこと、百姓には夫役は申し付けるけれども、大風で被害を受けたので、国で作毛させ井手堤普請に精を出すように堅く申し付けるよう命じている。

そんな中、七月から始まった花畠屋敷の普請も、惣奉行衆からの伺いを受けた八月二十日付の達書で、「花畠之普請、来年四月迄ニ出来候様ニ可申付候由尤候間、其分ニ可仕候事」（三九印一四 忠利八四七）と、翌年の四月までにできるようにすればよいと答えている。そして、九月七日付の奉行衆への達書（三九印一五　忠利八四八）では、「八代郡塩堤の普請所、求广《くまがわ》川之普請所、うと郡塩堤之普請の事、書中見候、春へのべ不苦所之ふしんハ、先指置候よし、得其意候事」と、取り掛かっている国内の堤普請で、八代郡・宇土郡の塩堤＝潮堤（防波堤）、球磨川の堤普請について、春に延期できる箇所はそのまま工事を中断する旨を認めている。

また、大風で被害を受けたのは三斎のいる八代城も同じだった。忠利は、九月二日付の酒井讃岐守への書状の中で「城之しゆり《（修理）》の事も今度之御法度ニ明ニ御さ候間、はや我々ハ申付遣申候、不及御報候」（「御自分御普請」文・下・四五）と、八代城の大風による被害の修理を新令にのっとってすでに命じたと伝えている。しかし忠利は、幕閣の榊原職直に次のように述べていた。

肥後も大風の被害で散々の様子だと報告があって、心配なことです。江戸城御普請が終わったら、肥後でも修理普請をしなければいけないでしょう。さてもさても、大変な金の要り様、あなたが想像なさる以上です。江戸城御普請に早くも三万両以上要りました。これで、国元から御普請に下々の者が来たら、どのくら

い掛かるのでしょう。「九月七日付 榊原職直宛忠利書状案 大一九―三〇〇八）
忠利は、江戸普請が終わったら、肥後での普請もしなければならないのに、江戸普請の費用が膨大な額まで膨れ上がってしまったことを、かねて親しい長崎奉行の榊原職直に宛てて、こぼしているのだ。

重臣・沢村大学のはたらき

「奉行所日帳」（一四・一六・五〇）の九月二十一日の条によると、新堀口普請の材木を港から出す津出しの奉行が命じられ、十一月二十九日付の条には、この新堀口普請では、家を壊して作事をするに際して、住んでいた野村兵左衛門以下六人を引っ越しさせるのに、一人に付き銀二十目を遣わす旨が記されている。

十二月二十日付の熊本藩作事奉行衆に宛てた達書（「忠利公より御家老并御奉行等江之御書案」四・二・九七）によれば、大風の被害を受けた熊本城の本丸・天守の修理も、花畠屋敷の作事も、年内には大方終わったとある。花畠屋敷も大風で被害を受け繕作事をしていたのかもしれない。同じ日付の沢村大学宛ての達書（同前）には、「天守の下から方々への御門口の修理の絵図、ならびに本丸・二の丸の修理普請の仕様を、丁寧に見廻って申し付けているとのこと。やがて春に帰国した時に命じる」とあり、重臣・沢村大学が忠利留守中の城内で、天守下から方々への口の修理の絵図を手に、本丸・二の丸の普請の様子を熱心に見廻って指示し、江戸の忠利に報告した様子を窺い知ることができる。忠利は、やがて春に自分が帰国して指示すると伝えている。

おそらく沢村大学は、忠利が参勤で国元不在の期間は熊本城代であったか、城の管理責任者の一人であったと思われる。

熊本城「しまり」の普請再開

翌年正月に始まる江戸城御普請のために普請衆が江戸に下った。一度に出船して路地がつかえることがないようにという忠利の指示（同前）により、十月二十日、二十二日、二十五日の三手に分かれての出立であった。

寛永十三年に入っても、前年の大風で国中が傷んでいることを憂慮した忠利は、国内の普請を最小限の用水普請だけに留めていた。三斎から忠利に宛てた書状にはこうある。

一　今年は百姓たちが疲弊しているので、しなければならない用水普請までを申し付けて、そのほかは麦ができてから命じるようにと、その方（忠利）から言ってきたから、そのようにしてくれと八代郡奉行が申すので、その分で申し付けて、用水普請はとっくに終わった。

（二月二十四日付　忠利宛三斎書状　大六―一四一三）

忠利は、収穫の時期までは最小限の用水普請だけに留めるよう国内に達していたのだ。

一方、公儀の江戸城御普請の方は、三月いっぱいで終わった（四月朔日付　佐方與左衛門尉宛忠利書状案　大一二―八二六）。それを待って忠利は、いよいよ熊本城の防禦、「しまり」の普請を再開する。

熊本城普請の「しまり」のこと、一昨年、二条城で上様からお許しが出て、それについて、幕府の御年寄衆から御奉書が下されました。この絵図にある二カ所を普請したいと思っています。このほかは差し上げていました絵図に挙げています。

（三月三日付　江戸幕府老中衆宛忠利願書「御自分御普請」文・下・四五）

熊本城のしまり無き所の普請について、幕府の老中衆に伺いを立てている。後の寛永二十一年二月十二日付の記録（「御自分御普請」文・下・四五）には、次のようにある。

一　寛永十三年、殿様（忠利）が江戸にいらっしゃる時に、熊本京町口の堀を埋めなさったこと、ならびに白川の小口を広げて、川端の土手を命じたい旨、幕府に申請された絵図が一つあること。

京町口の堀埋めと、白川口の拡張及び白川傍の土手普請を申請したというのは、この時の申請のことかもしれない。

さらに三月七日の奉行衆宛忠利自筆の達書（三九印一九　忠利八五二）では、次のように指示している。

一　鉄炮の者に花畠屋敷の普請を申し付け、そのほかは見計らって。

一　花畠屋敷の普請が大方終わったら、海辺の堤・石畳に取り掛かること。また、花畠の普請と、それに引き続いての海辺の堤防普請を鉄炮衆に命じている。

次の三斎宛ての書状は用水普請に関するものだ。

一　八代の用水普請を完成するのに、千人ほどの人手間が要るということについては、有吉頼母・加々山主馬に命じて人足を遣わすので、ご承知ください。

（三月二一日付　佐方與左衛門尉宛忠利書状案　人一・一―八二五）

八代の用水普請も三月に終わったが、これには千人ばかりの人足を熊本から派遣していた。

忠利、花畠屋敷に移る

三月に取り掛かった花畠屋敷の普請も六月には完了した。次の「奉書」によると、六月十六日に忠利は本丸から花畠屋敷に移っている。

一　（殿様が）花畠屋敷にお引っ越しなさるにつき、本丸の広間、居間、大番所の御番衆の者の名前を書き立て、殿に御目に懸けたところ、それでよい、そのように申し付けよと、直に仰せ付けられた。

（六月十六日付「奉書」一〇・七・一六）

一　本丸の大番所の御番は、花畠屋敷に殿がいらっしゃる間は引いて、殿が本丸に御移りなされば、前のように番を命じるようにと、殿が朝山斎・加々山主馬・丹羽亀丞を以って仰せられたので、すぐに明日から御番の者は撤収すること。

（七月二十六日付「奉書」同前）

これらによれば、忠利が花畠屋敷に移ったということで、七月二十七日から本丸の大番所の御番衆は撤収したが、忠利が本丸に移ったらまた前のように御番衆を命じるという。忠利は住居を花畠屋敷に移して、便宜に本丸を使用するという形を取るようになったのである。「奉書」（一〇・七・一六）によると、寛永十三年七月十五日、忠利は自筆の達を出した。それは、毎月三日・八日・十三日・十九日・二十五日を御用日と定めて、その日には朝の御膳が済んでから夕御膳まで、奉行衆からの上申を聞くというものだった。もちろん、急用に関しては何時でも申し上げるように、ということだった。奉行から何の報告がない日でも、その時は「申し上げる事はありません」と言上するように、そうでなければ、忠利の「心がくつろがない」からとの御意だった。「奉行所日帳」（一一・一一・一四・二）を見ると、寛永十四年一月十九、二十五日の条には「今日御用日ニ付而、奉行共御花畠ニ参候事」とあり、奉行たちは御用日には花畠屋敷に参上するようになったのである。このように、忠利が花畠屋敷に居住して、行政機構が二元化されることになったことは、大変に興味深い。

熊本城普請の再申請

ところが、熊本城普請の方は、寛永十一年に許可された分の半分も終わっていなかった。そこで残りの分は、寛永十二年に出された武家諸法度新令にのっとった許可を改めて求めるため、再申請している。

一　熊本城普請のこと、一昨年上様が御上洛なさった時に、御年寄衆へ内々御相談したところ、すぐに上様にお伺いを立ててくださって、段階的に普請を進めるようにと、私（忠利）を上様の御前に御召しになって直にお許しが出ました。その上で御奉書を下さいましたが、その年はすぐ暮れて、その後は公儀御普請があって、先年差し上げました絵図のうち、半分も申し付けずにいます。

一　御奉書に、段階的にするようにと仰せ出されましたが、今度の武家諸法度に城普請のこともありますので、重ねて御意を得たいと思います。この前に御許しを得た普請の仕残した箇所ではありますが、このようにお伺いを立てます。

一　以上の通り申し上げて、以前頂いた御奉書を替えてくださるべき旨、御年寄衆がおっしゃれば、以前の御奉書の内容もそのまま上様に再確認いただき、重ねて普請を許可する添状を下さるように申し上げたいと思います。その理由は、今度御奉書をお替えになれば、御奉書の年月が変わってしまいます。そうなると、少しずつながらもやってきた熊本城普請が、許可を得たという証拠がなくなります。

（六月十一日付　酒井讃岐守への御口上覚「御自分御普請」文・下・四五）

熊本城普請のこと、御奉書を下さいました。その後、武家諸法度が出されました。しかしながら、御奉書に、段階的に普請をするようにとありましたので、普請を続けても大丈夫でしょうか。また、御奉書の御日付も替えてくだされば、と思って、御奉書を江戸の肥後（光尚）の所まで送りました。各様までお時間がある時にお尋ねするようにと、肥後に申し遣わしています。

（六月十一日付　松平信綱・阿部忠秋宛忠利書状案　大二〇―三〇六八）

これらの史料によると、寛永十一年に熊本城普請について段階的に命じるようにとの奉書（許可書）をもらったけれども、寛永十一年のうちはすぐに暮れ、そのうちに江戸城普請があって、願書に添付した絵図のうち、半分も命じないままである。奉書では、段階的にとの指示であったが、今度新しく武家諸法度が出たので、普請の仕残しの所について、以前もらった奉書に添状をもらいたい。奉書の日付も書き換えが必要ならばと思い、江戸の光尚の所まで送るので上意を得たい、と願い出ている。ここで注目すべき点は、忠利が熊本城普請の遅れの理由に、公儀普請を優先せざるを得なかった事情を挙げていることである。忠利は、怠慢でただ城普請が遅れているわけではないことを、しっかりアピールしていたのだった。

忠利の再申請許可される

こうして忠利は、以前に幕府から許可を得ていた案件でも、許可から時間が経ったこと、新令が出たことにより、再度普請の許可を求めたのである。それに対する幕府の老中衆からの返事は、次の史料で理解できる。

熊本御居城御普請のことを届け出られました。阿部豊後守が上様にお伺いを立てたところ、以前に御意が出た通り、普請をしてよいとの御意がありました。詳しいことは、阿部豊後守から申し入れます。

（七月十四日付　忠利宛松平信綱書状案「御自分御普請」文・下・四五）

熊本城普請のことについて仰せくだされ、その上、御一つ書（箇条書）を下され、酒井讃岐守殿の所に申し入れるようにとのこと、承りました。しかしながら、この件につきましては、曽我又左衛門（古祐）殿も御存じなので相談して、父上が遣わされた御覚書を一つ書にして　酒井讃岐守殿まで絵図と御奉書を持たせて、町三右衛門・横山助進を遣わしました。「おっしゃる通り、御念を入れられ御尤もです。御月番なので阿部豊後殿の所にまず申し入れるように」とのことでしたので、阿部豊後殿のところへ絵図・一つ書・御奉書を遣わしましたところ、翌日、上様に聞いてくださり、熊本城の「しまり」のことは、先年も御意が出た通り、父上の御心のままに申し付けるようにとの上意でした。そして、御奉書への添状も必要ないとの上意であったと、豊後殿から仰せ聞かされました。

（七月十九日付　忠利光細川光尚書状案「部分御舊記　城郭部全」一〇・七・一・七一）

一　熊本城普請のことについて、阿部豊後様が仰せ渡された御口上に、先年京都で、お伺いを立てられた普請の儀、重ねて上様にお伺いしたところ、重ねての念の入れようを評価されて、最前許可した通り申し付けるようにとの上意です。この上は、御老中衆御連判の添状には及ばず、月番の阿部豊後様より御意の通り仰せ入れられました。重ねて差し上げられた絵図は、豊後守様の所に留め置く旨仰せ聞かされました、以上。

一　熊本城普請所のこと、御年寄衆に御意を得られた御口上の御書付・絵図・一昨年の御奉書、酒井讃岐様の所に横山助之進・町三右衛門に持たせ遣わしてお尋ねしたところ、御念を入れられるのは御尤もだと、当月当番の阿部豊後様の所に届けるべきだとおっしゃったので、即刻、阿部豊後様に持参したところ、一々承知してくださって、すぐに御老中衆で相談なさって上様の御耳に立てられるとおっしゃいました。残る他の御年寄衆へも、三右衛門・助進を遣わして届けました。そうしたところ、去る十二日、熊本城普請所について上様に伺ってくださって、ご丁寧なことで許可するのが尤もだとお思いになって、この件は以前に上様直々にお許しになったので、最前の上意の通りに普請を申し付けるようにとの旨、仰せ出されました。以上のように、御添状も、また、御奉書を替えることも必要ないと仰せ渡されました。

（九月四日付　御使町三右衛門・横山助進覚書より七月十九日幕府老中の御口

上覚「御自分御普請」文・下・四五)

新しい武家諸法度が出たことにより忠利は、以前もらっていた熊本城普請許可の奉書の書き替えを求めたのであるが、これらの史料からは、六月十一日付で忠利が江戸の光尚を通して幕府に申請して許可を得るまでの詳しい経緯が理解できる。国元の忠利から、この件について酒井忠勝に申し入れるように指示された江戸の光尚は、曽我古祐に相談して、絵図・一つ書・奉書を持たせて御使町三右衛門・横山助進を酒井の所にやると、酒井は老中衆のうち、月番の阿部忠秋の所に行くようにと指示したので、これらの書類を阿部に提出した。すると翌日家光に伺いが立てられ、先年許可が出た通り心のままに普請するように。奉書の書き換えも、添状もいらないという意向が示された。このように忠利は、熊本城普請については、幕府に対して奉書の効力があるかまで細心の注意を怠らなかったのである。

熊本城の落雷被害

八月になって、熊本城内、城廻りの普請・作事は本格的になった様子である。しかし本丸については、七月に落雷による被害も受けていた。

本丸の雷の落ちた所へ今日行って、見てきました。一つ落ちたのかと思っていましたが、間を隔てて、三つ落ちていました。いずれも柱がみじんに砕けていました。長押《なげし》も砕けていました。下の方には少しも入っておらず、畳に疵《きず》もありませんでした。私の居間に落ちたのは、縁側だったので、横に落ちたのでしょう。奥の間は路地を挟んで廻った所にあるので、今日見付けました。上にも脇にも少々落ちていました。穴もあいていなくて、いま申し上げたように柱・梁が残らず砕けていました。小さい穴でもあいているかといろいろ探して、屋根にも人を上げて見ましたが、少しの穴も上下脇にもありませんでした。一間隔てた金の間、これも奥まった場所ですが、五間（約九㍍）ほどの間が墨流しのように燻《くすぶ》って、雲の形のような焦げ色になっていました。金の間もまた、どこも損なわれていませんでした。不思議なことです。

（七月十六日付　佐方與左衛門（三斎側近）宛忠利書状案　大一二―八三五）

七月十五日の晩、本丸広間・奥の間・金の間の三カ所に雷が落ちて、柱・梁が砕けるという被害を受ける。花畠屋敷に居て事なきを得た忠利は、翌日、本丸に上がって雷の落ちた場所を見に行って、その様子を細かく三斎に伝えている。

熊本城作事・普請の御買物帳簿

この寛永十三年の熊本城普請・作事の進捗状況を具体的に伝える史料として、作事奉行の求めに応じて奉行所から御買物奉行衆に発した指示書（「差紙」）の控えを写した「御買物差紙之控」（一四・一六・三五）がある。それによれば、この時期に城内・花畠の作事に次のような品々が調達されていることが分かる。

屏風・襖・障子に貼る上布《じょうふ》、御花畠御茶屋作事御用にけやき板、御花畠の川堺の柱御用に大丸太、御花畠御数寄屋作事御用に杦《すぎ》丸太、本丸の所々を繕う松六分板・りころ（蹴転・木の小片のこと）、春木与吉屋敷裏の塀、同所御門見付塀の御用にのね板（高知県野根山で伐り出される木材からつくられる薄板）、本丸か花畠屋敷か分からないが、御居間の前の御小便所に据える今焼の壺、御鏡の台、御銀箱、御本丸所々の水ぬき樋の御用に松一寸角、棒庵坂下の御長屋作事御用に矢部の曾木・天水坪、御本丸・二の御丸の矢倉や塀の繕い御用に松五寸角・けころ・松五分六分板、御本丸そのほか所々御繕御用に大月役（長さ約一八〇㌢、幅四・五㌢の割り木）・のね板など。九月から十二月末までのこれらの記載は、作事の活発な様子を窺わせるものである。なお、御小便所の今焼の壺には、「水が一斗ばかり入る背の低い見事なもの」と細かい指示がされており、想像を掻き立てられて楽しい。

熊本城普請・作事すすむ

忠利が江戸にいるうちに、幕府に申請していた熊本城の「しまり普請」の京町口の堀は埋められたのであろう。十月一日の「奉書」（一〇・七・一六）には、次のようにある。

一　京町口の今度勢だまりにするよう命じられた箇所の侍屋敷のうち、引っ越しさせた侍たちで、まだ塀など掛けていない者もいるのを御覧になって、その者に銀子を貸し、来年の暮れに無利子で返させるようにとの御意が出た。（皆川）治部がこれを奉じる。

京町口は侍屋敷を崩して堀は埋められて、勢溜り（軍勢が集まり控えている空間）になったのである。

また「奉行所日帳」（一一・一・三・五）によると、十月十四日の頃に、「今日、新御奉行所ニ移り申候事」とあることから、奉行所も新しくなったようである。

そして、熊本城普請・作事を進めるにあたって、奉行衆から次のような伺いが出されている。

一　浅山修理屋敷の前の御奉行所に、職人たちを召し置きたいことについて桶奉行、貼付け、畳刺し、絵書など、職人を召し置く所がないので、できれば、竹の御丸などに召し置きたい状態です。この者どもを、浅山修理屋敷前の長屋に置きたいと思い、申し上げる次第です。
（十一月三日付「奉書」一〇・七・一六）

この上申に対して忠利からの御意は「当分」、つまり普請・作事の間だけは置いていいということで、期限付きで許可している。

さらに、「奉書」（一〇・七・一六）によると、十一月六日、太鼓矢倉御門見付に矢狭《やざ》間《ま》（矢を射るための小窓）がないので、検討させて開けさせるようにと忠利からの達しが出ている。そして、十一月二十四日には、平左衛門丸の家が破損していて雨漏りがしているのを修繕してもいいかとの奉行衆からの伺いに対して、忠利は「あなふさくへく候」と、修繕するよう許可を出している。

八代の堤普請

こうした熊本城普請・作事の一方で、八代の海堤防普請、川除け普請も続けられていたが、八代の三斎からは次のように言ってきていた。

三斎様御書の写

一　八代の潮堤普請のことであるが、その方（忠利）が、郡奉行に見廻るように申し付けるなら、毎年、普請奉行の方は八代から出すので、その方から出してもらうには及ばない。

一　川の水除けの堤普請は、その方が郡奉行に申し付けて済むことであろうこと。八代の潮堤、川除けの普請について、三斎様からこのように仰せられたので、毎年、右の二カ条の旨を相心得るように、御郡奉行衆へも申し渡し、各《おのおの》もその旨を承知しておくようにとの御意である。奉りは加々山主馬。

（九月九日付「奉書」一〇・七・一六）

「八代郡の海堤防普請は、熊本藩の郡奉行が見廻ってくれるだけでいい。八代から専従奉行は出すので、熊本から出す必要はない。川除け普請についてはこの間の如く郡奉行の管轄でしてくれ」と三斎が言ってきたのに対して、忠利は、毎年三斎の申し出通りで実施するよう郡奉行衆に申し渡すように指示したのだ。

寛永十四年初めの熊本城普請

寛永十四年一月二十九日、忠利は中小姓衆の奉公帳を日数を書き付けて報告するように命じ、その日のうちに上がってきた「御留主中御中小生（姓）衆御奉公目録」に目を通して、書判を加えている。これは、中小姓衆の名前、作業内容と日数を書き上げて忠利に報告したものである。その中で熊本城内の作事に関わったと思われる者を一部抜粋して紹介する。

日数□十六日
一　引繪圖仕せ候　高田五郎三郎
日数五□日
一　右同　寺嶋弥源太
日数百□十三日
一　御書院繪書せ申候
以上　三ケ度日数弐百三十日

日数四百十五日

一　御天主諸御道具出来奉行仕候　　（加藤少太夫
渡少三郎）

同五日

一　泰勝院殿御掃除仕せ候　　瀬崎次郎四郎

同百□十二日

一　御屏風六双ノ繪書せ申候

同二十□日

一　御本丸御座敷掃除仕せ候

以上　三ケ度日数百七拾四日

同二百九日

一　繪書せ申候　　野瀬勘太夫

同四日

一　泰勝院殿掃除仕せ候

以上　二ケ度日数弐百十三日

同百廿二日

一　御天主萬御道具出来奉行仕候　　　源野才二郎

同百四拾二日

一　御屏風繪書せ申候

同弐十七日

一　御本丸御掃除仕せ候

以上　三ケ度日数弐百九十一日

（「奉書」一〇・七・一六）

この史料は、天守、本丸、さらに当時は城内にあったと思われる細川幽斎を祀る泰勝院殿の作事が完了したことを推測させる。なお、掃除は普請・作事の最終工程であることはいうまでもない。忠利の祖父で藩祖と位置づけられた幽斎を祀る泰勝院殿は、先に述べた秀林院殿と同じように、忠利の祖母・麝香《じゃこう》を祀る光寿院殿とともに城内にあったと思われる（「御買物差紙之控」一四・一六・三五）。

寛永十四年一月十九日付の「奉書」（一〇・七・一六）には、次のようにある。

一　御石舟のこと

宇土・川尻の用水御普請を命じられました。加藤代の石舟が五艘ありますが、これでは足りません。細川家の御舟が四艘ありますので、これを御貸しください。（佐藤）安右衛門・（椋梨）半兵衛が申し上げます。

宇土・川尻用水普請奉行の佐藤安右衛門・椋梨半兵衛から、藩の石舟（石を運ぶ船）の貸与を願う上申があり、これに忠利は「貸すように」との御意を出している。

「奉行所日帳」（一一・一・一四・二）によると、三月六日には忠利からの指示で、竹の丸の石垣が抜けた箇所の修理に、石垣築のための担当者四、五人を充てるよう、穴太の戸波儀太夫に申し付けている。すぐに修復をしたところを見ると、この石垣は幕府に届け出ている部分のうちだったのだろうか。あるいは、小規模の石垣の抜けは届け出ずとも修復可能だったのかもしれない。また、「奉書」（一〇・七・一六）三月八日の項には、玉薬調合施設の移設に関する記述がある。

一　御鉄炮薬調合の屋敷のこと

少納言屋敷に蔵を建てて、馬場の先の方を切って、火薬の調合所を建てさせるように（忠利御印）

以前、御薬蔵のことについて殿にお伺いを立てたところ、少納言屋敷に設けるようにとの御意であったけれども、火薬を砕く所は火の用心には悪い所なので、花畠屋敷の裏、田の端に土地を埋め立てればよい場所がありま す。坪井町のはずれにもいい屋敷がありますが、これは思いのほか程遠いです。花畠屋敷の裏の田んぼの端を転用させるのがよいかと思います。また、花畠屋敷の追廻の馬場の先の方に仰せ付けられますか。

以前に御鉄炮薬合蔵を、少納言屋敷を上に移してその跡に作れとの忠利の御意があったけれども、御薬蔵は火薬を砕く所で火事が心配なのだという。坪井の町屋敷も一応候補には挙げているが、これは程遠いので、結局は、御花畠の裏の田んぼの端を埋め立てて建てたらいいのではないか、あるいは追廻の馬場の先がいいか、という奉行衆からの伺いに対して、忠利は、少納言屋敷跡地に御薬蔵を建てて、馬場の端を切り薬合所を作るよう裁可を下した（冒頭部分）。

また、寛永十四年三月十五日付の「平左衛門元屋敷家材木覚帳」（神雑一・四三・二）には、平左衛門屋敷六軒（広間・書院・居間・化粧間・おうへ・台所）と、西竹の丸台所を解体して出た材木の記録がある。「おうへ」は妻子が居る奥のことである。この史料は、解体に携わった御大工たちから作事奉行衆に宛てたものである。平左衛門元屋敷とは、加藤家の重臣加藤平左衛門が居た屋敷で、熊本城天守と宇土櫓との間に位置していた。

　　平左衛門尉元屋敷家御材木目録の事

一　三百三十二本は　長さ二間半より二間、太さ五寸より六寸の間　柱

　　　（中略）

　右は、平左衛門元屋敷、家数大小六つ分、ならびに西竹の丸の御台所共に、御材木をひと所に寄せ集めたものの目録である。

平左衛門丸の屋敷を解体して空き地を確保し、また、古くなった平左衛門屋敷を新しく建て替えることになったのであろう。この作事については、解体に関わった大工衆三百八十人分の手間賃と、古材木を運び出す大廻船の運賃の積《つも》りを記した「平左衛門屋敷之家大小六軒并竹之御丸御臺所こわし申工手間・大廻りノ運賃ノ覚」（神雑一・四三・三）もあり、総額は九百弐拾壱石六斗九升である。現在の貨幣価値に置き替え

ることは難しいが、約九千二百万円くらいであろうか。

家光の病気で熊本城普請は中断

ところがこうした中、上様の病中ということで、またもや熊本城普請は中断されることになる。閏三月、忠利は国元の家老衆にこう指示した。

一　熊本城普請をしてよいと許可が出たけれども、上様の御病気の間は、してはいけないと思うので、こちらから指図するまでは、無用のこと。

（閏三月十三日付　長岡佐渡列宛忠利達書案「部分御舊記　普請作事部八」一〇・七・一・六六）

将軍家光は、その年の二月ごろから体調を崩し、忠利もその本復を気遣っていたのだが、佐賀藩主鍋嶋勝茂に宛てて、「すき〳〵と、五日三日ニ御本復被成候御煩ニ而ハ無御座候」（閏三月十六日付　大二一―三七五九）と書き送っているように、家光の病気が長引くと判断して、熊本城の普請を中断したのであった。

月日は不明だが、忠利は熊本普請について、幕府の御老中衆のところに松野織部・加々山主馬を使者にやった。その口上の覚には、次のようにある。

一　熊本城普請についての幕府からの御奉書ですが、去年の分はご存じでしょうか。ご存じないかもしれないので、すべて御目に懸けます。

一　上様が御病気の間は、普請をしてはいけないと思い、百姓がする地方普請を侍に申し付けていすす。御病気がよい時にだけと申し遣わしているので、百姓普請が暇になったなら、もしかして城普請に取り掛かることもあるだろうと思い、いよいよ無用なことだと、六月も申し遣わしました。上様が快復なさって御目見えもあってから、申し付ければ宜《よろ》しいでしょうか。また、それとも、今でも城普請を申し付けても構わないものでしょうか。

（「御自分御普請」文・下・四五）

「上様の病中の間は遠慮して、百姓がする地方普請を侍に命じている。上様の病気が良くなったらと言ってある。国元では地方普請が終わったら城普請に取り掛かることもあるかと思い、城普請は堅く遠慮させている。熊本城普請は、上様の病気が治って御目見も済んでから申し付けた方がいいか。それとも今の状況でも城普請をしてもいいか」、と伺っている。将軍不例の折の城普請の可否についても、忠利は幕府の老中衆に伺いを入れていたのだった。

普請をめぐる忠利の政治的態度

そして、この間も熊本城以外の辛川用水、分田用水、川尻・宇土潮堤、松嶋用水、国中の架橋、前年の雷で被災した本丸座敷の屏風などの作事は行われていた。八月一日付で江戸から家老衆へ宛てた達書（「御國御書之案文」四・二・一一・二・一）に、忠利の普請についての考えが明らかである。

一　川尻などの堤普請は、いつまでも継続的に取り組むよう申し渡している。急に普請を差し留めたら、却って変なことだと思われるだろう。城普請などは、上様が御病気の間はまず延期して、快復なさって御目見え以後、様子を見て申し付けようと思っている。

一　立田の寺の建立普請は、いよいよ申し付けるように。詳細は奉行衆に申し遣わした。

一　上林甚助が召し抱える百姓・鉄炮の者の目録を見た…現在このようなことは、百姓のことではあっても不審に聞こえるので、鉄炮の者を抱えるのを差し留めるのは当然である。

一　水撒きのため井戸を掘っているとのこと、このようなことは、差し留めてはいけないことだ。如何ほどでも申し付けるように。

一　九州の状況をさまざま細かに報告してきたことについて。とかく人の噂に乗らないようにするのがよい。城普請などは、上様が御病気の間は必要ないことと私が申すのを、差し留めると申せば他国への聞こえは一段いいだろう。寺をも建てず、井手堤の普請を差し留めるなどと申すことは、却って不審に思われることだ。そのように心得るように。

「川尻などの堤石垣は、時間をかけて継続的に命じるように。すぐに中断しては不審に思われる。城普請などは、上様の病中なのでまずは延期して、御目見えがあってから再開しようと思う。立田の泰勝寺の普請は申し付けるように。上林甚助に命じていた耕地開発のための百姓・鉄炮衆の召し抱えは止める。井戸を掘るのは止めてはおかしいので、このようなことはいくらでも申し付けよ。寺の建立を止めたり、井手堤普請を一切止めてしまったりするのは、かえって他国への聞こえが悪いから、そのようにに承知してくれ」。幕府との関係では、公儀を重んじるという意味で将軍不例の折は城普請は行わない。しかし、領国を維持するための国内の用水など地方普請と、神社・寺などの普請は行う。これはすべて他国への聞こえ、つまり外聞を重要視していたからであった。

しかし、それでも城内にある藤崎八旛宮の石垣にだけは特に注意したようである。

上様が御病気の間は、城普請など、そのようなことは無用と私が申していると、家中に申すように。藤崎八旛宮の普請も、石垣などは対象にしないよう早くに頼んだけれども、そのようなところまで、心を付けるように。やがて上様が快復なさって御目見えがあり次第、普請のことを命じるので、その時に城普請はするように。

（七月七日付 長岡佐渡守宛忠利自筆達書 松一四―一二五四六）

上様御病気のうちは熊本城普請は止めるが、造営中の藤崎八旛宮についても石垣普請だけはしないように、そこまで細心の注意を払うよう筆頭家老の松井興長に命じている。藤崎八旛宮は、八月十一日に無事遷宮が成就して、忠利の名代として長岡勘解由が社参している（「忠利公より御奉行中江之御書并鎌倉御逗留之内御家老中江之御書」四・二・九六）。また、立田寺の絵については万事、矢野三郎兵衛に申し付けたのでそのつもりでと、国元の奉行衆に達している（六月十八日付 同前）。

この年、忠利が力を入れたのが新開、つまり耕地開発であった。熊本城普請を中断する直前の三月、上林甚介に「新開を当年より被仰付」として、合志郡大津原（現菊池郡大津町）で鉄炮衆・長柄衆を召し抱えるように命じていた（三月十日付「奉書」一〇・七・一六）。それも、家光の病気ということで中止にしたのだった。

家光の病気は七月末には大分快復するが、今度は忠利自身が体調を崩し、十月、鎌倉での養生を願い出て、十月十六日には鎌倉に逗留することになった（曽我古祐宛忠利書状案 大二一―三八四〇ほか）。ところが十月二十六日、かの天草・島原の一揆が勃発するのである（伊達忠宗宛忠利書状案 大二一―三八四六ほか）。

天草・島原一揆で普請は延期

十月二十八日付の家老衆への達書（「御國御書之案文」四・二・一一一・二・一）で国元の家老衆に、次のように書き送っている。

一 以前上様の御意を得て建てるようにと許可が出ていた箇所の矢倉について、切組みして置いてある塀を、塗る時分を考えて取り立てるように。しかし、決してばたばたとはしないこと。

一 長六橋ならびに熊本城筑後口の普請は、来年正月より申し付けようと思っているので、普請の仕様、手廻の様子は、普請奉行たちと相談するように。

一揆が起ったことをまだ知らなかった忠利は、幕府の許可を得て建てることになっていた矢倉の塀は壁を塗る時分を考えて建てるように、それもばたばたとはしないようにと指示し、長六橋と筑後口の城普請を翌年正月から始めるように命じていた。そして、一揆の蜂起を知ると熊本から島原・天草へ加勢に出陣しなければならなくなると想定して、国元にこう命じる。

鉄炮の者が方々にいるだろうから、それとなく呼び寄せて、熊本の普請を申し付けるように。千人ばかりも集めるように。そうすれば、他国の者は、いったい何事だと申すだろうから、その時は、良いように分別して対応するのは当然である。幕府の上使衆がいる島原から見て事を隠すことはできないので、もし肥後へキリシタンが逃げて来れば、その時のために方々の船着場に鉄炮衆を遣わして、キリシタンを捕まえるための用意だと申すように。

（十一月九日付 家老衆宛忠利達書案「御國御書之案文」四・二・一一一・二・一）

幕府から出陣の命令が出るまでは、このような配慮が必然だったのである。有事に備えて鉄炮衆を熊本に集結させるという例は、これ以前にも見られる。寛永十一年二月、豊後府内藩主で長崎奉行であった竹中采女正（重義）が、密貿易で切腹を命じられた事件に際しても、次の史料のように、上使衆の府内城（現大分市）の請取りで万が一の有事に備えて、普請を申し付けるという形で鉄炮衆を集めていた。

万に一つ、竹中改易の府内城請取りに支障があったなら、鉄炮の者に志水伯耆《ほうき》を添えて遣わすように。長岡監物組・長岡佐渡守組も、ともに府内に参るように。

鉄炮の者などは、脇々の普請場に居たら、熊本近くに召し寄せて、熊本近所の普請を申し付けるように。

（寛永十一年二月二十三日付　長岡佐渡守宛忠利達書 松八―一五四一）

熊本から島原海手へ人数を出す、つまり出陣するように上意が下ったのは十二月二十二日になってであった（「御國御書案文」四・二・一一一・二・二）。忠利は寛永十五年正月六日付の光尚と家老衆への書状の中で「島原に兵粮がないとのこと。熊本城の天守の米を、幕府の上使の指図で何方へも渡し、御用に立てるように。決して売ったりしないように」と命じ、光尚には「どれほどでも公儀の御用に立つように天守の米まで取り出すように忠利からしきりに言ってきていると、上使衆に申せ」と、上使衆に対して幕府への御奉公をアピールさせることも忘れなかった（同前）。

正月から始めるつもりだった熊本城普請は、天草・島原の一揆への対応に侍も百姓も動員しなければならず、延期となったことは言うまでもない。

第四章　天草・島原一揆後の熊本城普請と領国支配

――寛永十五年――

地方普請と城内・花畠作事の再開

寛永十五年三月、一揆が終焉した直後、忠利は次の史料に見られるように、国内の用水普請や耕地開発に取り掛かるように指示する。

一　上林甚助・野田角右衛門尉が召し抱える耕地開発のための鉄炮の者二千人を召し抱えるようにと、去年仰せ出された。これらの者は、在々の地侍とは違う。新地開発のための者は、一カ月のうちに十日、在郷用水などの御普請をして、二十日の隙で新地開発をする。他国などへの役儀はない。このようにして、鉄炮の者は御用の時は動員されることになる旨、殿から直々に仰せ渡される。奉りは、河喜多五郎右衛門・椋梨半兵衛。

(三月九日之夜「奉書」一〇・七・一八)

また、上林甚助を頭《かしら》に耕地開発が進められていた大津原(現菊池郡大津町)では、忠利は同時に植林事業にも取り組ませたのである。

一　上林甚助に松苗を沢山植えさせるように。大津原に植えさせるようにと仰せ出される。奉りは阿部弥一右衛門。

（四月三十日付「奉書」同前）

さらに、次の史料に見られるように、熊本城下の惣構え内の普請を命じる。

一　一町目の御門番、庄村五郎右衛門尉屋敷の所の見付の塀を殿様から遣わされる旨、仰せ出されたので、作事奉行衆に申し渡すように。奉りは、奥田権左衛門。

（三月九日付「奉書」同前）

一　四月一日より鉄炮衆を少々動員して、熊本城筑後口、一丁目の升形、長六橋の方の見付、これら二カ所を築かせるように。奉りは作事奉行の和田傳兵衛・矢野勘右衛門である。

（三月十五日付「奉書」同前）

三月九日に一町目御門（薩摩街道から城内に入る新町側の門）の番・庄村五郎右衛門尉の屋敷付近の見付の塀を作事奉行衆に命じ、さらに四月一日からは御鉄炮衆を少々動員して、城内筑後口　一町目の升形、長六橋の見付の普請に取り掛かるように命じた。そして、次の史料にはこうある。

一　熊本城内平左衛門丸の御蔵の修理を申し付けるように。そうすれば、その御蔵に、御米・塩以下、何でも入れられるだろう。急いでばたばたと目立つよ

うにはやってはいけないと申し渡すように、仰せ出される。奉りは和田傳兵衛・矢野勘右衛門。（四月三十日付「奉書」同前）

忠利は作事奉行に、平左衛門丸の御蔵を修理して、米、塩以下何でも入れるように命じているが、急いでばたばたと目立つようにはしないようにと、念を押している。

また、六月十九日に田地に水を通すのに障害があるとして奉行から伺いがあった御花畠の水道は、七月十六日に水を通せるようになったが、それも「田地痛申と申候ハヽ、其旨可申上候」との御諚で、田地への影響を最大限に優先するものであった（「奉書」同前）。七月九日付の有馬直純宛ての書状によると、五月に体調を壊していた忠利は、病気が快復してきたことを告げ、「花畠屋敷に数寄屋《すきや》を建て、庭など作って心を慰めている」と書き送っている（大二三―四六九〇）。

熊本城普請を再度申請

熊本城普請を再開するにあたって忠利は、幕府に対しては、家光が病気だったこと、そして天草・島原の一揆で普請ができなかったことで、再度普請許可の申請をする。次に示すのは、阿部忠秋と酒井忠勝、それぞれに宛てて出したものである。

熊本城普請のこと、度々御奉書を下されたけれども、新しく武家諸法度が出たのについて、また変わることもあるだろうと、阿部豊後守殿、貴様（酒井讃岐守）が御番の時、去年御諚（将軍の許可）を得たところ、前々に許可されたように申し付けてよいとのことでした。しかしながら、去年は上様が御病気で普請も申し付けませんでした。最近は、有馬（天草・島原一揆）のことで普請もしませんでしたので、侍たちが帰ってきたら、少しずつ熊本城普請を申し付けようと思っています。許可を得て時間も経っているので、何の普請かと思われるだろうと考え、また申し上げる次第です。もしまたお考えがありましたら、お聞かせください。

（四月三日付　幕府御老中衆への願書案　大二―三―四三六一）

この願書の中で忠利は、上様の病気と一揆で中断した熊本城普請について、一揆に動員した侍たちが帰ってきたら、少しずつ命じるつもりだけれども、中断していた時間が長くて何の普請だろうかと不審に思われるといけないので、こうしてまた申請するのだと、断りを入れている。次の史料は忠利が江戸の光尚に宛てて書き送ったものである。

一　熊本城普請のことは、以前、阿部豊後殿まで届けた。しかしながら、上様御病気で、急ぐこともないので命じずにいた。また、島原のことのうちは如何かと思って、延引していたので、家中の侍たちも疲れているだろうから、いかにも少人数で、そろそろと申し付けるつもりだ。

（四月五日付　細川光尚宛忠利書状　大一四―一一三四）

忠利は、戦で侍たちが疲れているので、熊本普請はいかにも人数少なく、少しずつ命じるつもりだと光尚に告げている。

さらに、忠利は豊後府内藩主の日根野吉明にも熊本城普請を届ける。それに対する日根野の返事が次の史料である。

内々にお伝えいただいている熊本城普請のこと、度々上様の御意を得て実行されるべきところを、去年は上様の御病気、その後は有馬のことまであって、少しも申し付けられなかったので、六月にもなれば、川手そのほかの小口・矢倉を、御意を得られた通り、そろそろと申し付けられるとのこと。その旨を、豊後御目付衆の交替の衆にも伝えるようにとのこと、承知しました。このことを江戸の御年寄衆にも伝えられ、松平伊豆（信綱）殿、戸田左門殿へも伝えられたとのこと、御尤もに思います。また追って貴意を得たいと思います。

（五月七日付忠利宛日根野吉明書状案「御自分御普請」文・下・四五）

忠利による幕府要路への根回しは完璧であった。

幕府老中衆、熊本城普請を許可

四月に城普請再開の件について幕府の御老中衆に届けるようにと江戸の光尚のところに送っていた願書だったが、光尚が実際に届けたのは伊丹康勝が五月に江戸に戻って伊丹に相談してからであった。伊丹は阿部豊後・酒井讃岐からの返事次第で願書を出すようにと指示していた（五月二十五日付　大一四―一二四六）。そして、重ねての上意には及ばず、幕府老中衆の談合で許可するとの返事があったのは、次の史料のように、七月になってからだった。

熊本城普請のことについて、奉書を以て許可しましたが、去年は公方《くぼう》様が御病気で、その後は有馬表《ありまおもて》（島原方面）のことで御延引され、年月が経ったので、いま普請をするのは如何かとのことですが、願書の趣、承りました。しかしながら、重ねて上意を得るには及びませんから、以前の老中衆の連署の奉書の通り、普請を申し付けてください。ご丁寧に届け出られたので、ほかの老中衆とも相談して、このように申し入れます。

（七月四日付 阿部忠秋忠利宛書状案「御自分御普請」文・下・四五）

この正式な通知を受けて忠利は、日根野に伝言を頼んでいたにもかかわらず、交替で着任した豊後府内目付衆にも念を入れて、熊本城普請に取り掛かる旨を届け出るのだった。それが次の史料である。

熊本城廻りの土居・堀・石垣など、普請したい箇所があるので、これ以前に絵図を以て御意を得たところ、許可を得ました。しかしながら、その後は上様の御病気、また島原のことで普請をしませんでした。段階的に普請をするようにとの御意でしたが、延々になって如何致しましょうかと、江戸幕府の御老中衆へまた申し入れたところ、普請をするようにと、このほど御老中より仰せ越されましたので、すぐに普請に取り掛かりたいと思います。内々、そのように御心得ください。（八月十六日付 能勢頼重・大久保正信宛忠利書状案 大二四―四七七五）

忠利が熊本城普請許可の七月四日付の老中奉書を受け取って、その返事を老中に届けるようにと江戸の光尚に宛てて指示したのは、八月七日である（大一一四―一二五九）。忠利による、じつに用心深く綿密な許可申請・交渉過程が実を結んだ瞬間であった。

天草・島原一揆後の古城石垣破却

ところで、幕府は天草　島原の一揆の後、国中の古城の石垣の破却を命じていた。白峰旬『豊臣の城・徳川の城―戦争・政治と城郭』によると、「古城（元和一国一城令で破却された城も含む）のさらなる徹底破却（再破却）の方針が、同年二月初旬には、（老中松平）信綱主導で計画されていた」（二二七頁）という。忠利は、幕府の触をうけて、次のような指示を出している。「奉書」には、その経緯が記録されている。

一　御国中の古城に石垣が残っている所があれば、早々に壊すようにとの幕府からの御触《おふれ》なので、すぐに調べて、石垣のある古城があれば、書付けて報告するようにとの御意。奉りは、津川四郎右衛門殿で、四郎右衛門殿よりの御使者は中西傳兵衛。

右の通り、重ねて浅山修理を以て御尋ねになる。それに答えて、「いずれも古城の分は石垣を崩すように承りましたので、きっと何の問題もないと思います。しかしながら、念のため、見に行かせましょう」と、申し上げた。それに対して殿は何の問題もないだろうとは思われたけれども、念のため見に行かせる旨、承知なさり、その旨仰せ出される。

（四月十四日付「奉書」一〇・七・一八）

古城は、元和元年の一国一城令が出された加藤時代にすでに破却された筈であったが、忠利はこの御触を受けて、惣奉行の浅山修理にさらなる調査を命じた。ところが、郡々の古城の石垣・土手・古堀の徹底的な破却は、どこも人の入らぬ山奥であったため、思った以上に手間取った。

私の国の内に石垣のある古城はありません。しかしながら、佐敷・水俣という二カ所は、「古肥後守」（加藤清正）の時、城があったのを割った所です。堀も埋めて、石垣はもちろん崩しましたが、端々《はしばし》に石が見えている所が少しありました。人が入らない山奥ですが、そこも石を除けさせました…先書にも申し入れましたが、合志という所にあります古城に堀があって、最近までかかってこの堀を埋めました。

（六月七日付 松平信綱宛忠利書状案「部分御舊記 城郭部全」一〇・七・一・七二）

このように六月までかかって、古肥後守（加藤清正）時代に城割した佐敷（現芦北町）・水俣・合志の城について、端々に見えている石を取り除き、堀まで埋める作業を徹底して、幕府の老中松平信綱まで報告している。幕府にとって、天草・島原の一揆が古城を利用して籠城したことは大きな衝撃だっただろうし、またそれは、城が要塞であるということを強く再認識させるものであった。そして、何よりも石垣と堀は、要塞である城の象徴であった。

普請遅延、忠利の怒りの意味

しかしながら、豊後府内（現大分市）の目付衆にまで届けていた熊本城普請の方は、八月には問題に直面する。

近国の牛馬が多く死んでいる話をしましたが、あなたの久留米では如何ですか。熊本も少しはそのような状況です…熊本城の堀・石垣の普請のことも申し上げていました…今月末よりそろそろ申し付けようと思います。段階的に申し付けるようにとのことですので、ゆっくりと進めていくつもりです。ありがたいことです。方々、少しずつのことですが、急にもできません。ご推量ください。

（八月十七日付 有馬豊氏宛忠利書状案 大二四—四七七九）

久留米藩主有馬豊氏に対して、「八月末には熊本城の堀、石垣普請に取り掛かるが、ゆっくりと進めていく」と書き送っている。が、近国で牛馬が多く死んでいるが久留米はどうか、と気になる情報もまた交換している。

有馬豊氏は、この忠利からの普請開始の報を受け、石垣普請に有馬が抱えている穴太衆を派遣すると申し出たようで、それに対して忠利は、次のように返事をしている。

一　熊本城普請を申し付ける件について、穴太の者が必要なら言ってくださいとのこと、ありがたく存じます。ですが、たいした普請でもないので、穴太は必要ありません。御心遣い、ありがたく存じます。

（八月二十四日付　有馬豊氏宛忠利書状案　大二四―四八〇六）

白峰旬によると、有馬豊氏は寛永年間に「穴生清右衛門」という穴太を召し抱えていたという（『豊臣の城・徳川の城―戦争・政治と城郭』）。ここで有馬が熊本に派遣するというのは、この者ないし、その集団であったのかもしれない。

八月二十八日付の山崎家治宛忠利書状（大二四―四八二三）には次のように見える。

天草・富岡城の普請をなさるそうですね。熊本城も普請をするように御老中衆より許可が出ましたので、石垣・土居など少しずつ申し付けています。

天草・島原の一揆の後　天草富岡城主となった山崎に宛てて書き送ったものである

が、忠利は八月二十八日の時点では、熊本城の石垣・土居の普請を命じていた。しかし、熊本城内の作事についていては、四月から命じていた一町目見付の普請は、なかなか進んでいなかった。

一　一町目見付の普請の者が少ないことが殿の御耳に入り、大変なお怒りである。諸奉行のところに付いている手伝いの者を召し出して、長柄の者・小人・中間衆にも申し付けて、熊本城普請がはかどるようにせよ。このような障害で普請ができなかったら、いい加減にしていることになる。その上、一町目見付は他国の者も往還する場所であるのに、ふらふらと、これしきの普請に時間がかかっているとは。自分の指図がなくても、担当者は自覚を持つのが当然で、言語道断だとお怒りである。この旨、奉りは奥田権左衛門。

（八月二十九日付「奉書」一〇・七・一八）

しかし忠利は激怒しただけではない。すぐに対策を講じるため、その翌日の早朝、奉行衆を召し出す。

一　早朝お召しになって仰せ出だされた覚

一　右、御普請をする御鉄炮の者が少ないことに驚かれ、所々の番手伝いに正規の鉄炮衆を申し付けることを言語道断だとお思いになり、これ以後は御留守居鉄炮の者を二百人ほど、切米五石か六石かに二人扶持、または、七石に一人扶持かを遣わして召し置き、正規の鉄炮の者が不足しないように対処するよう、命じられた。

右の者を管理する担当者は、安場仁左衛門・林隠岐・矢嶋平三郎の三人で、御鉄炮以下の掃除なども申し付けるようにしろと仰せ出された。

（八月三十日付「奉書」一〇・七・一八）

新規に御留守居鉄炮衆二百人を召し抱えて、鉄炮の者が不足しないように命じた。そして、その者たちを管理するのは、御天守奉行の安場仁左衛門・林隠岐・矢嶋平三郎の三人である。鉄炮以下の掃除をさせるように、つまり、この鉄炮衆には天守にある鉄炮以下武具類の手入れなども併せてさせるようにとの御諚であった。天守の武具類の手入れの実施形態として興味深い。

忠利は、普請が不十分で無残な状態を他国の者に見られるのをよほど気にしたのだろう。八月二十三日には、本丸と二の丸の門番衆に「他国の者を決して通さないように」と命じてさえいた(「奉書」一〇・七・一八)。

八月十八日には、忠利が鍼医《はりい》の坂以策を伴って天守に上り、天守から平左衛門丸の蔵の屋根の特に内の方が壊れているのに気付いて、花畠屋敷に帰る時に奉行たちが修繕していなかったことを咎《とが》め、「修繕を先延ばしにするほど手間がいることになる」と、早々の修理を命じている(「奉書」同前)。じつは、前年から体調を壊していた忠利は、先にも触れたように五月、持病が悪化していた。その病気治療のために、京都から鍼医の坂以策を招致していた(大二三—四四八一)。病気が快復して八月二十一日に帰国することになった以策(大一四—一二六一)を、帰国前に自慢の城の天守に案内したのだろう。その時に見つけた平左衛門丸の蔵の屋根の損壊だったので、余計に怒ったのだろう。しかも、坂以策の兄は幕府の医師だったのである。

普請の者の働きが悪いことは忠利の懸案事項だったとみえ、寛永十五年十二月三十日の奉書には次のような記録がある。
一　肥後にいる御弓鉄炮の者共の御普請の仕様が、申すべき様もなく悪いようにお思いになって、殿は以下のように指示した。言語道断なことである。組頭たちがよく吟味して、無精を構える者の扶持を没収し、交替させるように。また、方々の御普請に遣わされても、そこの奉行より何の組の何という者は無精者であるとか、何か不届きなことをしたら、その旨をその者の頭《かしら》のところへ文書で指示して切米を差し押さえ、その米を御蔵に置くか、または、その頭の分別次第で処置し、また、よく御奉公をする者を頭がよく見定め、その米を遣わすようにする。以上の旨を家老衆より頭たちへ申し渡すように。組頭たちが長岡監物の屋敷に召し寄せられ、以上を仰せ渡された。

（「奉書」一〇・七・一九）

大量死する農耕牛――寛永牛疫の猛威

このように、忠利が普請をなんとか進めようとしている最中、九月五日の書状では、牛伝染病の問題が拡大したことが伝えられているのだ。

一　熊本城の堀・石垣・矢倉など普請のことですが、上様の御意を得て、申し付けるようにとの御奉書を度々下さっているのですが、有馬のことなど色々あって普請をしなかったので、また御意を得たところ、段階的に申し付けるようにと御老中より仰せ越されました。かたじけないことです。それで現在、はしばしの普請を申し付けていますが、このように牛が死んでしまっては、百姓は普請をする暇などは一切ないでしょう。それで、まず普請を止めて、麦蒔きの時分ですので、百姓の生活を侍たちに手伝わせようと思います。何とも采配の仕様が難しいです。

（九月五日付　小笠原忠真宛忠利書状案　大二四―四八二九）

小倉の小笠原忠真に宛てて、牛の大量死に直面して、なんとも政策の仕様に困っていると、苦慮している旨を書き送っている。

そして、同じ日付の、後に上野国沼田（現群馬県）城主となる真田信政宛ての書状でも、次のように述べている。

九州は、牛が残り少なに死んでいます。私の国でもいまや半分は死んでいます。

このような状況では、九州の牛は全滅するだろうと思うほどです。百姓の痛みは大変なもので、いいようもありません。

（九月五日付　真田信政宛忠利書状案　大二四—四八三）

このように九月五日の時点になって、忠利は、九州内の牛が伝染病のため悉《ことごと》く死んでしまうという事態がいよいよ収拾できない状況になったことを察したのだった。そして、「百性《ママ》の痛、中〱可申様も無之候」という領国の状況のもと、熊本城普請を止めることを決心する。耕作の労力の主たる牛が悉く死んでしまったので、百姓たちは忙しくとても普請に動員する暇はない、麦の作付け時分なので、侍たちに百姓の手助けをさせようと決心したのである。

熊本城普請を中止して百姓を援助

次の久留米藩主の有馬豊氏宛ての史料は重要である。

熊本城の普請については、絵図で幕府に許可を得た段階で終わっていない箇所が数々ありますが、川手の土手、熊本城筑後口の堀が埋まっている所を浚《さら》い、町口に小さい見付を一つ築いたばかりで、まずは止めて、牛が死んでいて麦など蒔くのに百姓たちの作業に支障をきたしているということなので、侍たちも今日・明日中に知行所に帰し、百姓たちの手伝いを申し付けることにしました。熊本城普請はまだ数々残っていますが、段階的にやっていくということだから、今後また取り組めばいいと思い、このようなことにしました。

（十月五日付 有馬豊氏宛忠利書状案 大二四―四九三七）

熊本城内の筑後口の川手の土手の堀を浚い、町口の見付一つを築いただけで普請は止めて、侍たちを今日・明日中に知行所に帰して百姓の麦蒔きを手伝わせると決心したと伝え、「熊本城普請の仕残した箇所が数々あるけれども、また今度すればよい」と述べている。忠利は、ほんの一カ月前、普請の者が少なく進まないことにあれほど怒り、すぐに対策を指示していた。その熊本城普請を、領国農村の状況に配慮して苦渋の決断で中止したのだった。十一月二日、忠利は惣奉行三人と、御郡方の奉行沖津作太夫・阿部弥一右衛門を召し出した。

牛が死んでしまって来年の根付が心配なので、侍衆を来年正月五日より在郷させて、それぞれの知行地が荒れないよう才覚するように。百姓だけで十分な住所は、給人どうしで相談するように。殿はこう思し召され、在々へ、また給人へもその旨御触を出すのがいいか、侍中までに指示すればいいか、皆々の意見をお尋ねになった。

（十一月二日付「奉書」一〇・七・一八）

奉行たちは忠利からの御尋ねに対して、在々へは御触を出さずとも、侍中まで出しておけば百姓にも伝わると意見を申し上げた。忠利はさらに、御触は来春出すのがいいか、それとも、すぐに出したがいいかと尋ねている。それに対しての奉行衆の意見は、内々でその用意をする者もいるだろうから、早々に出すのがいいというので、忠利は家老衆からすぐに御触を出すようにと命じたのであった（同前）。また、忠利は次のようにも命じている。

一　来年、参勤のお供をする侍たちは、今から知行所に帰り、来春の根付を申し付ける時分までいて、来年三月一日に出仕するようにと申し付ける旨、思し召されている由、仰せ出された。（同前）

このように、忠利は奉行衆と相談して、その意見を取り入れながら、翌年参勤にお供する侍たちを知行所に帰し、百姓たちの春の根付を手伝わせ、三月一日に帰ってくるようにと命じたのである。

九月二十四日、忠利は花畠屋敷に冬の御座敷を急いで建てさせるために、翌年参勤に御供しない衆の百人に、日数五日の兵粮米を遣わして材木を伐り出させるようにと、御作事奉行の矢野勘右衛門・和田傳兵衛に命じた（「奉書」一〇・七・一九）。「冬の座敷」とは、いろりや火鉢で寒さを防ぐ冬仕様の座敷をいうのであろうか。それを急いで建てさせていた。十月八日には、二の丸の堀端の堀底までの萱《かや》を、その近所の屋敷に住んでいる侍たちが今後もずっと刈り取るように申し付けた（「奉書」一〇・七・一九）。

「奉行所日帳」（一一・一・一五・四）によれば、十月十七日の朝までに、二の丸の堀普請を終了させている。そして、「奉書」（一〇・七・一八）によると、御鉄炮衆に命じていた堀普請を十月十一日で終了させ、その後薪取りをさせて二十一日からはそれも惣止めにするように命じている。そして、十月十一日には、御門矢倉の分の普請は、作事所で可能な切組みまでしておいて、忠利からの指示が出てから建築するようにと、御作事奉行に達している。

次に示すのは、豊後府内藩士日根野吉明宛ての書状である。

熊本城の門、または矢倉など、拵《こしら》えおいてあるものを来年春、建てるつもりです。今度府内に来られる交替の御目付衆は御存じないでしょうから、お話しになってください。もちろん度々、絵図で幕府の許可を得ているものです。まだ堀・石垣も所々やり残していますが、今年は申し付けません。

（十二月十日付　日根野吉明宛忠利書状案　大二五―五〇九四）

熊本城普請の中断と今後の見込みを伝えるこの書状に対しては、翌寛永十六年正月十八日付で、「度々仰せくださっている熊本城御普請のことは、新任の豊後日付衆両人に詳しくお話しておきました」との日根野の返事が記録されている（「御自分御普請」文・下・四五）。

幕府への牛疫対応要求

忠利は、九州内の牛が悉く死んでしまうというこの非常事態に際して、長崎奉行の馬場利重に宛てた書状の追伸部分でこう述べる。

> 九州の牛が死んでいることですが、大変困ったことです…肥後は只今の時点では早くも半分は死んでいます…最近の大風被害より九州の痛みになると思います…どんなことにも何とかして、国主として穏便に対応したいと思っています。それにも、幕府からの公的指示がなければ、何も最善の対策はできないことだと思います。
>
> （九月三日付 馬場利重宛忠利書状案 大二四―四八二七）

何とか国主として穏便に仕置をしたい。それには公儀から、つまり幕府からの援助がなければできないと思う、と幕府からの公的援助の必要性を述べている。忠利は国主として、何とか策を講じようと苦慮していた。「奉書」（一〇・七・一八）によると、ここに至るまでに忠利は、牛の伝染病が発生するとすぐに京都の吉田神道家の御札を早飛脚で取り寄せたり、牛の薬として鵜《う》と栄螺殻《さざいがら》を黒焼きにさせたり、香蕈《こうしん》散《さん》（椎茸の粉薬）を買わせたりした。そして、牛の労働力の代りとして薩摩から小《こ》荷駄馬《にだうま》（荷物を運ぶ馬）を仕入れて試みるが、それも特に役には立たないということで取り止めさせていた。このようにあらゆる策を講じた上で、やむを得ず、付たちによる麦作付け支援という対策に打って出たのだった。しかも、前述したように、惣奉行衆と担当奉行衆とを集めて細かく相談して御触を出すに至った過程を見ると、如何に事が逼迫《ひっぱく》していたかを思い知らされる。

幕府からの援助が必要と考えていた忠利は、江戸の光尚に次のように書き送っている。

近国は、牛が残らず死んでしまったということだ。肥後も現在半分は死んでいる。苦々しいことだ。こんな状態であれば、熊本城普請も止めて、家臣の下々も麦を作る百姓の生計を助けるようにと命じようと思っている。牛が死んでいることは、隣国からも江戸の老中衆に知らせるだろうから、このようにおまえに知らせているのだ。御老中衆から状況を聞かれたら、ありのままに申せ。こちらから使者を出すことは必要ないと思う。

（九月六日付　細川光尚宛忠利書状　大一四―一一六六）

忠利は、国の惨状を江戸の光尚に伝えるとともに、九州のあらゆる国が被害に苦しんでいる状況では近隣で話し合う段階ではなく、江戸の老中衆に知らせて、幕府からの援助を引き出す必要があるということで、光尚に幕閣に相談するようにと言っているのであった。

百姓救済のゆくえ

そういう大変な被害のなかでも、忠利はじめ九州の大名たちは、牛の大量死という事態を無駄にすまいとしていた。次の奉書の記述で、それが読み取れる。

一　牛の皮を、九州の他の大名たちが買っているくらいにはたくさん買わせるように申し付けよ。そうしたところで、御天守奉行に、切付、肌付をたくさん作らせるようにと申し渡せとの御意、奉りは阿部主殿。

それに答えて、「今まで六百枚も買わせています。また、隣国では他国に牛皮が流出しないように留めているという風聞もあります。肥後国では、かなり国から出ているというので、皮屋たちに買い留めするようにと申し付け、銀子を遣わしましたので、買い留めするかと存じます」と申し上げた。

（十一月十日付「奉書」一〇・七・一八）

忠利は九州内の他大名と同様に、死んだ牛の皮をたくさん買わせて、御天守奉行に馬具の切付・肌付にするように命じていたが、それに対して、阿部主殿《とのも》は今までに六百枚も買ったと報告し、皮屋にさらなる牛皮の確保を命じる旨、上申していた。これも当時としては、百姓の救済策の一環であったことはいうまでもない。

山内一也は、その著書『史上最大の伝染病牛疫—根絶までの四〇〇〇年』の中で、毛利藩史料などの記録から一六三八（寛永一五）年夏、長門国（現在の山口県の一部）に最初に発生して西日本全体に広がった「寛永牛疫」と呼ばれる牛のウイルス性の伝染病が流行したという岸浩の研究を紹介している（七七頁）。永青文庫の史料に見える寛永十五年八月から十一月にかけての一連の牛の病気に関しての史料は、この「寛永牛疫」に間違いないであろう。山内が紹介している毛利藩の江戸留守居役の記録によると、「一六三八年に発生して長門国の牛を全滅させ、さらに九州にまで広がった（中略）牛が全滅した結果、米や麦の不作がもたらされることが予想されたので、幕府にもそれとなく知らせておくのがよいだろうという知らせが江戸に送られてきた（中略）しかし、筑前、肥後、豊前の留守居役と相談した結果、幕府への申告は見送られた」という（七八頁）。そして、「西国一円の耕作牛全滅の史実は幕府の記録に載せられることなく、闇から闇にほうむられた」（同前）と書いている。

忠利は、これだけの大きな災害には幕府の公的援助が必要だと、江戸の光尚に暗に幕閣への相談を示唆し、長崎奉行の馬場利重宛てに幕府の対策が必要だと書き送っていた。その活動は結実しなかったのだろうか。これについて山内は、寛永大飢饉と島原の乱という二大事件に隠れてしまったものだという岸の見解を示している。また同書では、江戸時代の牛・馬の病気への対処は漢方医学による治療と神仏の加護祈祷に頼っていたこと（八〇頁）、明治になって西洋医学が認知され、その予防法が公布されたことなどが述べられている、その予防法のうちの一条を見て納得した。

「病死した動物を食べたり皮を剥ぐことを厳禁する」（八三頁）。「動物の皮革からの伝染」を防止するため、「病気が発生した時には、動物は撲殺して死体を焼き捨てなければならない」（八一頁）というのである。忠利をはじめ九州の大名たちが皮の買い上げに奔走したことが、結局は牛疫の被害の拡大につながったのだと思うと、四百年近く前のことではあるけれども、心が痛む話である。

第五章　熊本城普請の進展——寛永十六・十七年——

熊本城普請再開

翌寛永十六年になって二月の段階でも、熊本城普請は止まったままだった。

一　一丁目門の上の矢倉のほか、自分（忠利）が次に命令しないうちには、城普請は決してしないこと。

（二月二十六日付　覚「御書出之写并奉書」一四・一六・五五・二）

一　熊本城廻りの御普請は、江戸より殿様からの命令がないうちは、申し付けないこと。但し、一町目の矢倉は申し付けること。もちろん、これは今まである矢倉の修理なので、やっても問題はない。

一　四月一日に家中の普請役人を命じること。普請用の材木を伐り出すようにとの御意が出たこと。

（二月二十六日付「御留守御用之覚」一四・一六・五五・七）

忠利は、右の二点の史料のように、一町目門の上の矢倉を新築すること、既存の矢倉の修理はやってもいいが、そのほかのすべての熊本城普請については、江戸から自分が命じるまでしてはならないこと、四月一日になって普請奉行などの役人を任命すること、作事用の材木を伐り出すことを命じて、参勤のため二月二十六日に江戸へ立った。

そして、いよいよ四月一日になって、止めていた熊本城普請が再開された。忠利は、曽我古祐を取次に老中・阿部忠秋に申請して、許可を得ている。

熊本城普請の仕残しのことですが、阿部豊後守殿へお話しになってくださって、国元に申し付けるようにと言われたとのこと、承知しました。先度、江戸留守居の松野織部に話したように、度々上様の御意を得て、奉書もあるけれども、時間が経ってのことは、このように度々お尋ねしないといとどうかと思って、お尋ねするまでのことです。

（四月二十六日付　曽我古祐宛忠利書状案「御自分御普請」文・下・四五）

幕府には何度も許可を得ている熊本城普請だけれども、時間が経っているので、このように何度でもお尋ねするべきだろうと思ってと、何度もの申請に忠利もさすがに遠慮したのだろうか、心安い親友の曽我古祐に取り次いでもらっている。老中からの再度の許可を得て、早速、四月二十七日付で国元の家老衆へ普請を命じた。

一　熊本城普請のことについて、再び御老中衆へ尋ねたところ、国元に申し付けるようにとのことである。それにつき、春木与吉屋敷向いの門の脇の矢倉、また百間馬屋の向こうの石垣の上の矢倉、この分についてそろそろ命じるように。

一　道家左近右衛門屋敷の前の堀を、人の手が空いたら、五十人、三十人でもそろそろ命じるように。これ以外はまた追って申し付ける。

（四月二十七日付　家老衆宛達書　松八―一五七二）

まず城内の春木与吉屋敷向いの門脇の矢倉と百間馬屋向こうの石垣の上の矢倉を申し付け、道家左近右衛門屋敷の前の堀を、人の手が空いたら三十人、五十人でもそろそろ命じるように。それ以外は追って指示する、と命じている。二条目の「人の手が空いたら」とあるのは、牛の伝染病が落ち着いた農閑期の百姓の日雇いを想定していた可能性を示唆している。

花畠屋敷の作事もすすむ

五月には、次の「奉行所日帳」の記録に見るように、花畠屋敷の前の橋が壊れて、橋が架け直されることになった。

一　花畠屋敷の前の橋が壊れたので、橋を架け直すように、長岡佐渡殿より言ってきたので、すぐに架け直すようにと、作事奉行の矢野勘右衛門の所に申し遣わしたこと。（五月二十三日付「奉行所日帳」一一・一・二六・一・三）

また十月には平左衛門屋敷の修繕が終わった。

一　平左衛門屋敷の修理作事が済んだので、御番所の番の者が撤収する旨、後藤権右衛門が登城して報告してきた。そうであれば、皆川治部に報告して、平左衛門屋敷の鍵を皆川に渡して番衆を引き上げさせるようにと申し渡したところ、鍵を治部に渡して、番衆を御奉行所に遣わしてきた。（十月八日付「奉行所日帳」一一・一・二六・一・七）

この史料によると、平左衛門屋敷の修理が完了すると同時に、作事場にいた御番衆は撤収し、鍵は平左衛門屋敷を管理する皆川治部に渡している。

十月二十九日には、五月に申し付けていた花畠屋敷の前の橋の作事は終わった。「奉行所日帳」（一一・一・一六・一・七）には、渡り初めに一丁目の藤右衛門という者を申し付けている旨の記録がある。十一月二十四日付の奉行衆宛達書（四〇印一五　忠利八九二）では、「花畠前之橋出来、百間馬屋之上、角之矢倉大方出来、古城両所之橋之作事取懸候由、得其意候事」と述べているので、百間馬屋の上の角の矢倉が完成し、古城の二カ所の橋の作事に取り掛かっていることが分かる。

また、寛永十七年五月九日付の「御留守中御侍衆御奉公帳　長岡勘解由組」（一四・一六・四四・二）によると、寛永十六年七月十二日から閏十一月十八日まで、三の丸普請奉行を命じられた上田太郎右衛門尉が普請に掛かっていたとの記録があるので、この期間に三の丸の普請が行われていたものと考えられる。また、同じ長岡勘解由組の的場勘平は、寛永十六年四月十七日より熊本御城廻水まわり奉行を担当しながら、七月十六日から十二月七日まで二の丸の堀さらえ御普請奉行、さらに七月十六日には二の丸堀御普請奉行にも仰せ付けられ、その普請は十二月五日に終わったとしている。

寛永十七年、家光から御秘蔵の馬を拝領した忠利は、熊本に帰る途中、伊豆の一嶋から国元の家老衆に、花畠に新しい仮馬屋を建てるように命じる。

花畠屋敷の、この前申し付けていた所に、いかにも粗相な仮馬屋を十間計り作らせるように。この先、正式な馬屋を建て、仮馬屋は解体しようかと思っている。適切な馬屋があれば、それを建てさせればよい。後ろへ吹き透かしにして、涼しいように申し付けよ。また、馬繋《つな》ぎを丸太でも何でもいいので五間、拵《こしら》えておくように。その内に水舟を一つ置いて、残りの三間には板を敷いて、馬の爪が汚れないようにしたいので、その旨、作事奉行の矢野勘右衛門に申し渡せ。

（五月二十一日付　家老衆宛忠利達書　松一三—二四一五）

じつは前年の十月八日の夜、花畠屋敷にある作事小屋の番所から火が出て、馬屋が焼けていたのだった（「奉行所日帳」一一・一・一六・一・七、四〇印一二ほか）。忠利は、以前に命じていた場所にいかにも粗相な十間（約十八㍍）ばかりの仮馬屋を建てて、五間（約九㍍）の丸太でも何でもいいから馬繋ぎを作っておくように作事奉行に申し渡せと家老衆に命じている。そして、自分が熊本に帰ってから、花畠の御茶屋前を見立てて正式な馬屋を建てさせると書き送っている。

六月十二日に熊本に帰ってきた忠利は、十五日に早速、新しく建てた仮馬屋の作事絵図を作成して報告するように、作事奉行に命じている（「奉書并御用調之帳」一〇・七・二・二）。

熊本城―川尻間の運河を開削

また六月になって、忠利は熊本城横の井手・小川を川尻まで高瀬船が行き来できるように広げることと、三の丸内を流れる坪井川の川浚《さら》いの普請を申請する。坪井川については、城内を流れる川のことなので幕府に届ける旨を特記している。

覚

一　熊本城の際より川尻という大河まで、幅二間ばかり（約三・六メートル）、深さ一、二尺（約三十〜六十センチ）の井手があります。今は少し幅が狭く、高瀬船が通りませんので、所によりもう少し広げたら高瀬船が行き来できるので、拡幅したく思っています。井手溝のことではありますが、船が通るようにしたいので、事情を申し上げます。

一　熊本城内三の丸の中も坪井川という小川が流れています。町人その他が利用するため、いつもこの川の砂を取り、船が利用できるようにしたいと思います。所により水の溜りは深い所もあります。そのほかは膝小僧の高さまでもないほどの砂川です。城内を流れている川ですので、申し上げる次第です。いずれも肥後へ来たことがある方々は、ご存じの箇所です。

（六月朔日付　口上の覚「御自分御普請」文・下・四七）

忠利は絵図とともにこの覚書を幕府に申請し、すぐに許可がおりている。熊本城より川尻までの小川を高瀬船が通るように広げたいとのこと、承りました。同じく三の丸の内を流れる坪井川の砂揚をして、町人たちの用を叶えさせたい旨、絵図ならびに覚書を提出されました。書面の通り普請をして宜しいです。

（六月十四日付　江戸幕府老中連署状案「御自分御普請」文・下・四九）

一　熊本川普請のことは願いの通りするようにとの幕府老中衆御連判の御奉書が下された。すぐに返事の書物を江戸に差し下すので、老中衆へ届けるように。絵図ならびに口上の覚書に、私が印を捺《お》すようにとのことだが、判を捺す所は使者の岡部庄之助の口上の通りにして、差し下した。これまた老中衆に届けるように。絵図の裏には阿部豊後守殿の印判を捺してある由、承知した。

（七月十二日付　細川光尚宛忠利書状　大一四―一三七二）

川尻までの井手・小川の拡張普請と坪井川の浚渫《しゅんせつ》について、幕府老中衆からの御奉書が届き、忠利は江戸に居る光尚に、確認のため絵図と覚書に捺印を加えたので、幕府に差し出すように命じている。しかもこの書状の追而書《おってがき》（追伸）によれば、判を据えた箇所が奥詰りだったので写して新規に作成し、両方を岡部庄之助に持たせるので、よい方を幕府に届けるようにと指示する念の入れようだった。

花畠屋敷内の作事では、小々姓部屋の前に井戸を一つ掘らせ、火の用心のためのため池を作っている（「奉書」六月二十二日付　一〇・七・二〇）。また、「奉行所日帳」（四・二・一一三・四）七月六日の条には、翌日の七夕の御礼を家臣から本丸で受けるため、本丸の御番衆を類当御門入り口の大番所に下すように命じた旨、書かれている。本丸に家臣たちが出仕するのに備えてのことである。御奉行中が花畠屋敷から前の御奉行所に移ったとの記載があるので、奉行所の作事もしていたのだろう。そして、「奉書」（一〇・七・二〇）八月七日の条には、長六橋の船橋に取り掛かるように命じている。

熊本・八代両城の大雨被害

一方、三斎のいる八代城では、大天守と小天守の間の瓦葺きの塀が崩れ、また、本丸入り口の欄干橋が壊れて、その修理について忠利に尋ねてきている。それに対して忠利は、「そのような作事であれば、幕府の許可はいらない。御法度書（武家諸法度）にのっとって、熊本でもどこの国でもそうですから、お気遣いなく修理させていいと思います」と答えている（七月二十八日付　中澤一楽（三斎側近）宛忠利書状案　大一三―一〇三五）。

それからまもなく、八月十三日から十六日にかけて肥後は大雨に見舞われる。この大雨で、熊本・八代両城ともに被害を受けた。八代城は本丸北の方の石垣が十間（約十八㍍）ほど押し出し、いつ崩れるか分からない危険な状態となり、熊本城の方は本丸東の高石垣が三カ所ふくれてしまう。忠利はまだ雨が降り続く八月十五日寅の刻（午前四時ごろ）の三斎への書状で、次のように述べる。

八代城本丸の石垣が、今度の大雨にふくれていて、早くも崩れそうになっている由…熊本城本丸でも、南の方が思った以上に石垣がふくれて、根石などは上からとても見えない状態になっています。崩れてしまえば、高石垣なので思いのほか大変な普請になるでしょうが、崩れるまでだと思い、今はこのまま放置していま す。（八月十五日付 中澤一楽（三斎側近）宛忠利書状案 大一三―一〇四六）

さらに、雨が止んだ三日後には、幕府への願書を作成して次のように報告している。

熊本は八月十三日から十六日まで大雨が降り続き、八代城の本丸北の方の石垣が十間ばかり押し出して崩れかかっています…熊本城本丸も東の方の高石垣が三カ所ふくれ出し、危ない状態になっています。ここは、堀のない所ですので、石垣の根に石を置いて抱えさせて、石の崩れを留めてみようかと思っています。

（八月十八日付 江戸幕府老中衆宛忠利願書案「御自分御普請」文・下・四五）

そして、江戸にいる光尚には次のように述べて、熊本城の被災状況を知らせながら江戸での対応について指示している。

熊本城本丸の東の方の石垣の下地がふくれ出ている箇所は、いよいよ三カ所になった。かなり危ない状態だ。しかしながら、お前も知っているように、ここは堀のない石垣の方なので、石垣の根元に捨て石を重ねて置き、ふくれた石を支えさせて置いてみようと思っている。石垣を築くのではないので、絵図も提出していない。石を丸の内で取り扱うので、他所から何事だと思われるだろうから、八代城の石垣修復を申請するついでに幕府の老中衆に申し入れることにした。地面から一、二間（一・八二～三・六四㍍）の間が特にふくれ出している。なかなか見られることではない。このような話をしている間にも崩れたなら、絵図を以て上様の御意を得たいので、そのように承知してくれ。

（八月十八日付　大一四―一二―八二）

両城修復の申請と即時許可

忠利は、八代城の石垣修復の許可申請をする三斎とならんで、熊本・八代両城の石垣修復の願書を、幕府老中衆の松平信綱・阿部忠秋・阿部重次、そして大老格の土井利勝・酒井忠勝・堀田正盛に出した。幕府への願書は、老中衆と大老衆、両方に提出していたのである。石垣の崩れ方の状況によって、修復の内容が変わってくるので、八代城石垣の崩れ方の様子を見ながらの申請であった（「御自分御普請」文・下・四五ほか）。

そして九月には熊本・八代両城の石垣修復は、すぐに許可されている。

熊本城本丸東の方の石垣が破損したために、根石の際に石を置きたいとのこと、書面の趣、了解しました。普請をなさって宜しいです。そしてまた、八代城本丸の北の方の石垣が破損したので築き直したいとの由、承知しました。修復されるようにと三斎に達しました。これまた、そのように御承知ください。

（九月三日付 江戸幕府老中連署状 一〇八・三箱一八・五 江戸幕府一七）

熊本城本丸の高石垣も三カ所ふくれて、危なく思われているとのこと。ここは堀がない所なので、石垣の根元に石を捨て置き、抱えて、様子を見られるとのこと、私もそれでいいと思います。石垣は場所によって少しふくれても問題ないこともあるので、よくよく穴太にお見せになって相談なさるのは、それでいいと存じます。

（九月三日付　酒井讃岐守書状　一〇八・三箱一八・八　江戸幕府四四）

酒井讃岐守忠勝は、熊本城石垣の修復について忠利からの石垣の根元に捨て石を重ねて抱え込んでいるとの報告に接し、それを穴太に相談するという案を承認している。捨て石というのは、根石の変形を防ぐために、根石の全面に据えられる石材のことで、石垣の構造や修理の痕跡として調査対象になるものだという（楠寛輝「石垣の修理を追う」）。

八代城については三斎が申請したとおり（八月十八日付「御自分御普請」乂・ト・四五）、廊下塀の下の危ない石を取り除け、葭垣《よしがき》にしておいて、翌年忠利が参勤で江戸に参府したときに御意を得るという約束で、石垣築き直しが許された。

作事用木材の確保に苦労

九月十四日、忠利は、奥田権左衛門を通して奉行に次のように指示している。

一　殿様の御意を申し入れます。御作事の引物に不自由していることをお聞きになって、玉名、阿蘇の栃の木の辺りの道筋に、または方角の良い所に大きな木があるので、その木を伐らせて作事御用に提供するように、奉行衆から郡奉行衆へそれぞれ相談するようにとのことです。奥山から伐り出せば大変な夫手間《ぶでま》が要り、御国の重要な往還筋に立っている大木も、御国のためなので、御用に立てられる所は伐って御用に立てるようにとのことです。そのように承知してください。（九月十四日付「奉書」一〇・七・二〇）

忠利は、熊本城や花畠の作事で引物（家の梁）が不足しているとの報告を受けて、玉名や阿蘇の往還筋や、方角のよい場所に大きい木があるのでそれを伐らせ普請御用にする旨、郡奉行衆と相談するように奉行衆に命じている。山奥の木だと搬出に手間と費用が嵩《かさ》むため、主要往還の道筋の大木も御国のためなので御用に伐らせるようにと申し付けている。また、普請には多くの材木が必要だったため、豊後佐伯やその他の国からも町人に材木を仕入れてくるように命じている（九月十五日付「奉書」一〇・七・二〇）。

また、同じ「奉書」の十月七日の条には、忠利が天神を建立しようと見に行ったところの脇に、歩《かち》の御小姓屋敷があって、そこの「菰垣《こもがき》」が見苦しいからと、塀作事を命じている旨の記載がある。このとき忠利は、肥後入国以来九年になるのにまだ自分の屋敷の塀の作事をしていない者がいることを気遣い、それには家中が材木に不自由しているというので、上方より材木を取り寄せ家臣の作事に使い、残りを藩の御用に使うように、さらに佐伯・球磨の材木・角物《かくもの》（断面を四角に切り整えた木材）を買って、家中の用次第に遣わすように命じている。

八代城普請の様相

八代の三斎は、熊本の忠利から穴太の者を派遣してもらって、八代城石垣の修復について相談している（『御自分御普請』文・下・四五、大一三―一〇五九、大七―一六五九、同一六六〇）。その上で、危険なので、ふくれた部分の半分ほどの石を取り除け、三段から四段石を築いて、残る分も徐々に築いていくという、今後の計画を幕府に届けている（大八―一九三五、同一九三六）。八代城のこの普請には、後述するように熊本から御鉄炮衆百九十五人が派遣された。大雨で石垣が抜けて矢倉・塀が崩れ落ちた箇所の普請だった。

八代城の普請は、十月十日には危なくない程度に終わり、さらに掃除まで完了した。三斎は、熊本から派遣された穴太の者以下、普請の者を返したと忠利へ感謝を伝える書状を出している。掃除は普請・作事の最後の工程である。

八代城普請、残す所なく掃除まで終わり、今日普請の者たちを召し連れ熊本に帰るようにと申し付けた。いずれも精を入れてくれて、すぐに普請ができたことは満足である。

（十月十日付 忠利宛三斎書状 大七―一六六九）

今度の八代城御普請に、御鉄炮衆百九十五人が九月十七日から十月十日まで町宿に仰せ付けられたので、薪代米が支給されず、鉄炮衆の下で働く御荒仕子《あらしこ》（小者）

が迷惑しました。以前、八代ならびに鶴崎《つるさき》用水の御普請に動員された時は、御鉄炮衆一人一日に付き米一合ずつの薪代の米を御荒仕子に遣わされました。今度も以前のように、薪代の米を下さるようにと、小頭中より私どもまで言ってきたので、薪代米を渡す差紙（指示書）を遣わしてください。

（十月十三日付　小頭より担当奉行衆・惣奉行衆宛差出「諸差紙控」　四・一六・四〇）

この十月十三日の史料に見るように、熊本から八代城普請に遣わされた御鉄炮衆百九十五人が、九月十七日から十月十日まで町宿に滞在することになったため、薪代米が支給されずに御荒仕子たちが迷惑した。そのため、鉄炮衆一人一日に米一合宛ての薪代米を荒仕子に遣わすようにとの御荒仕子小頭中からの上申が奉行所になされている。八代城普請には熊本からも多くの下級武士や武家奉公人らが動員されたのだった。

熊本城普請の仕上がり

熊本城内の平左衛門屋敷の作事もまたこの年に行われていたようで、その作事の最後の掃除が終わった旨の史料も見いだされる。

一　平左衛門丸の掃除が終わったとの報告を殿様がお聞きになって、「皆々平左衛門屋敷を見に参れ」と、仰せ出されたこと。

一　右のように、平左衛門屋敷の御掃除が終わったことを、皆川治部を以て申し上げたところ、調度品も調えて屋敷に入れるようにと仰せ出されたこと。奉りは、西郡要人・浅山修理・河喜多五郎右衛門。

（十一月十七日付「奉書」一〇・七・二〇）

平左衛門丸の作事が終わって、忠利は家臣たちに皆々見学に来るように言い、また、平左衛門屋敷も掃除まで終わったので、屋敷を管理している皆川治部に調度品も調え入れて置くようにと命じている。

一方、七月に始まっていた熊本城際から川尻までの水路の拡張普請も、進展をみている。

一　川尻への白川からの小道は、二月末にはできるとのこと、御普請奉行から報告があったので、殿様が御召しになる川船を一艘、二月二十日ごろに完成するよう命じるように。高橋船のように、船を少し長く、全体を御屋形にして、御座所の部分に畳を敷き、御小姓《おこしょう》衆・御伽《おとぎ》衆それぞれに段々に薄縁を敷くよう命じるように、阿部弥一右衛門を以て仰せ出された。但し、御台所船は高橋川の船を使用されるとの御意を、弥一右衛門が口上で奉行に伝える。

（十二月十四日付「奉書」一〇・七・二〇）

普請奉行から翌年二月末に竣工予定との報告を受けて、忠利は御召船を一艘、二月二十日ごろにできるように命じている。その御座船は高橋船のように少し長く、全体を屋形にして、御座所は畳を敷き、御小姓衆、御伽衆のところはそれぞれ薄縁《うすべり》（畳表に縁をつけたもの）を敷くようにと、細かく指示し、それに御台所船は高橋川の船を使うとの御意も付け加えている。

八月の大雨で被災した熊本城の高石垣の修復についての普請の具体的な史料は、今のところ見いだされてはいない。忠利が幕府への願書（本書一五二頁）の中で、堀のない石垣なので石垣の根に捨て石を重ねて、ふくれた石を囲んで様子を見たいと言い、酒井讃岐守には穴太に相談したいと言っていた。そのまま大きな石垣の損壊にはならず、大規模な普請とはならなかったのかもしれない。

忠興・忠利の石垣に関する知識の高さ

小倉時代には、小倉城の石垣でも同じように捨て石で抱えるという修復を検討したこともあった。忠利は石垣の修復について十分な知識と経験を持っていたのである。

小倉時代の寛永二年（一六二五）の史料には次のようにある。

一　樋の潰《つぶ》れた脇石垣が抜けたとのこと…この度は少し抜けたと報告があった。石垣は直すように。残りは崩れ次第に介石《かいいし》（支える石）で支えるような修復をするように。捨て石などで崩れた石を抱えることには、ならないであろうな。

（寛永二年九月三十日付　松井興長宛達書　松八―一五八六）

これは、その年の八月の大雨で崩れた小倉城の樋の脇の石垣が抜けたという報告を受けて、忠利が普請奉行の松井興長に命じたものである。忠利は、抜けた石垣は修復するように。残りは介石で支えて崩れ次第に直すように。捨て石で抱えるようなことにはならないだろうと、具体的に詳しく指示している。

父・三斎も石垣普請について細かく指示していたが、近世初期の大名は共通して石垣普請についての豊富な知識を有していた。慶長期、築城ラッシュと言われる時代を生き抜いてきた大名たちは、「城郭普請の巧者」（北垣聰一郎『石垣普請』六七頁）と言われる加藤清正に限らず、みな石垣に精通していた。忠興は元和六年（一六二〇）の大坂城御普請に際して、「高石垣になって、石の面《つら》を大に見せることは無用。石の面を小さく奥へ長い石を使い、強みを第一に築くことが肝要だ」と高石垣対応の石の仕様について何度も念を押し（三月十五日付　松七—一二五一、四月十八日付　同一二四八）、忠利も寛永元年（一六二四）、「角石の留めにしきがねをするように。そうでなければ無念なことになる。普請奉行は知っているだろう」と、石垣の築き方を細かく指示していた（二月三日付　松三—五一五）。「しきがね」とは未詳だが、角石を安定させるために必要な物だったのだろう。忠利は慶長十五年（一六一〇）、まだ二十四歳の若い時から名古屋城普請に際して、石の調達や幕府からの指示をうけた本丸天守の石の大きな切り方について、また日雇いの銀子について指示したり、忠興に代わって普請奉行に指図していた（三月二十二日付　松八―一六〇七）。

時代転換期の作事

さて一方、六月に忠利が帰国して作事奉行に絵図の提出を命じていた馬屋も完成したのだろうか。「奉書」には次のような記載があり、忠利の細かい指示ぶりが分かる。

一　新しく建てた御馬屋の後ろの田に籾を蒔いて、鴫がわくようにするように、奉りは阿部主殿。その籾を蒔く者は、御馬屋の前の御番衆《ごばん》に命じるようにとのこと。但し、蒔く籾は一日に一升ずつとするようにとの御意である。

（十二月二十五日付「奉書」一〇・七・二〇）

さらにこの年の十月、忠利は江戸の下屋敷に「敷台《しきだい》の間」を建てるために、熊本から作事奉行の矢野勘右衛門を差し向ける。敷台とは、武家屋敷の玄関を上がったすぐの部屋である（『日本国語大辞典』）。棟に金箔など置いてはならないと言いながら、忠利は江戸にいる光尚に敷台の間を「金の間」にしたいと言い、そうしていいか早々に酒井讃岐守に相談して報告するように、熊本の方で絵は書かせると書き送っている（十月十日付 大一四―一三九一）。そして、十一月十六日付の光尚の書状に対する返事の中では、敷台の間について、このまま「金の間」が許可されなかったら、「表向きの所も唐紙《からかみ》ばかりでは、もはや日本に金の間は決して作られることはないだろう」と言っている（十二月一日付 大一四―一四〇〇）。果たして、酒井讃岐守の答えはどうだったのだろうか。十一月二十五日付で、光尚は熊本の忠利に酒井讃岐守からの返書を送った。その光尚の書状に書き加えられた忠利からの決裁文言には「讃岐守の指図の通り、唐紙で命じるように」（十二月九日付 大一四―一四〇一）とある。つまり、「金の間」は許可されなかったのである。じつは、その年の正月十五日、幕府は、御譜代大名・御弓鉄炮頭・御留守居衆に宛てて倹約令を出していた（『徳川禁令考』第四）。酒井讃岐守は諸大名にそれを伝える伝達者の一人だった。譜代大名を対象にしていたものとはいえ、准譜代の細川家にも酒井忠勝は「金の間」の許可を出さなかったのである。

忠利は、江戸下屋敷の玄関でいちばん表向きである敷台の間を、将軍家光の御成りをも考えて「金の間」にして、絵も書かせたかった（大一四一一四〇一）。しかし、世の中は倹約の時代となっていた。そしてそれは、城や屋敷の普請にも大きく影響したであろう。忠利が危惧したように、日本から「金の間」は一切なくなったかもしれない。忠利自身も寛永十七年（一六四〇）七月二十一日付で肥後国内の侍中・町中・百姓中に宛てて倹約令を出していた（辰印十五番十番一一）。倹約への時代の流れにより、江戸下屋敷だけではなく、熊本城、花畠屋敷の作事の在り方も大きく変わったことは十分に考え得る。

忠利死去—普請への取り組みが遺したもの

さて、この年の十月ごろから体調がすぐれなかった忠利であったが、翌寛永十八年三月十七日、ついに花畠屋敷で亡くなった。亡くなる直前まで忠利は、普請の材木調達について指示をしていた。

一　長岡佐渡殿・有吉頼母殿・長岡監物殿を以て仰せ出された。大引物八、九寸角の大きい柱を肥後国内でも伐り出すように申し付けよ。球磨、薩摩の町人に命じて取り寄せるよう才覚をするように。

（寛永十八年正月十二日付「奉書」一〇・七・二〇）

家老衆に命じて大引物（家の梁）八、九寸角（直径約二十四～二十七センチ）の柱を、国のうちで伐り出すなり、球磨郡や薩摩の町人から買うなりして取り寄せるように指示していたのである。家中の普請用の材木や角物が不足していることが、前年の九月からずっと、亡くなる直前まで忠利の懸案事項だったのであった。

次に示すのは、忠利が亡くなる数日前の三斎から忠利に宛てての書状である。

医師の盛方院も京都から二、三日のうちに着くとのことであるから、脈をも見せられ、薬をも服用して、盛方院と談合の上、飲まれるのがいいと思う。八代城普請について酒井讃岐殿へ進上する書状だが、その方に見せるため、上包を粗相にして送るので、読んだ後は、上包をいいものに替えて進上するように。柳生但馬守殿へも同様にして進上してほしい。また、この間崩れた石垣のことについて、その方への讃岐殿からの返事に、重ねては連名の願書は出さないようにと言ってきたので、尤もなことだと思い、只今《ただいま》は讃岐殿まで申し入れ、他の御年寄衆へは届けていない。そのように承知しておいてくれ。

（寛永十八年三月十三日付 忠利宛三斎書状 大七―一六九四）

三斎は、忠利が病気であっても、京都の盛方院（吉田浄元）に診てもらって、必ず快復すると信じていたのだろう。前の年、雨で崩れて築き直しを許されていた八代城の石垣普請についての酒井忠勝宛の願書を、この春参勤する予定だった忠利に託すつもりでいたのだった。

三月十五日付の「萬覚書」（一二・七・一一・二）によると、忠利がいよいよ危篤の状態になって、頬当御門口の大番所の番が三月十五日の夕より命じられ、大番所の鍵と浅山修理屋敷の前の門・大手門・籠《ろう》の脇向いの門の鍵が、御番衆四人に引き渡されている。そして、三月十七日に忠利が亡くなった後、御奉行衆は花畠屋敷と本丸の両方に出仕することを決めた（三月二十四日付「奉行所日帳」四・二・一一三・四）。忠利死去の直後に、本丸と花畠屋敷の両方に行政機構が分割されたことは象徴的である。そのきっかけになったのが熊本地震で、熊本城本丸は危険であるとの忠利の認識から生じた分割であったことは、紛れもない史実である。三月二十六日、犬引の津崎五助が忠利に殉死するというのを止めようと家老衆、奉行衆が御鷹師たちを呼び出すのであるが、その時、内田左太郎が花畠屋敷に出仕するのを「御花畠へ」「登城仕」と、「登城」と表現しているのは興味深い（三月二十七日付「日帳」同前）。

外様国持大名としての細川忠利の生涯は、終始普請のための調整の道程であった。普請問題には、幕藩関係と領国支配の諸問題が集約されているのである。

第六章　大名にとっての居城普請と公儀普請

㈠　公儀普請と領国の疲弊

忠利は、そして同時代の大名たちは、城普請についてどのような考えを持っていたのだろうか。史料からその思いを探ってみたい。大名にとって、城普請はそれのみで考えられるものではない。その在り方は、常に幕府との関係、それに御国つまり大名領国の統治との関係の中で具体的に検討されねばならなかった。

五十四万石という大国を拝領した忠利にとって、いちばんの思いは、幼なじみの曽我古祐と榊原職直に宛てて書いたものに表現されている。寛永十年（一六三三）の書状には次のようにある。

一　私のことですが、肥後という大国を拝領して何とまた身代も続かないことになれば、正気を失ったかのように人も思うだろうから、その慎みさえ知っていれば、末は大丈夫だろうと思っているところです。ですが、若い時の私ではありませんから、安心してください。

（二月十八日付　曽我古祐宛忠利書状案　大一七―二〇四七）

「大国を拝領して身代も続かなかったら、物笑いの種である。その慎みさえ分かっていれば、末は何とか大丈夫だろうと思う。しかしながら、昔のようには決してしないから安心してくれ」と曽我古祐に言う。そして同年、榊原職直には次のように伝える。

一　熊本の仕置のことですが、加藤時代の仕置は、やってはいけないことばかりだったと見ました。早くも国廻りに二度出ました。豊後口は参勤で罷り上る時に見ようと思っています。疲れないようにとお気遣いのこと、ありがたく幸せに思います。随分と用捨しながら分別してやっていますが、大国を新しく仕置するので、当然のことですが草臥《くたび》れます。

（三月二十四日付 榊原職直宛忠利書状案 大一七―二〇九六）

「肥後の仕置のことは、加藤の仕置のままではやっていけないことばかりだ。随分と取捨選択しているけれども、大国を新しく仕置するのは草臥れる」と、国廻りをしながら領国の状態を見て、本音も漏らすのである。さらに、榊原には次のように述べている。

今の泰平の世の中になってからでは、御用に立ちたいと思っても役には立たないかもしれないけれども、いざという時のための侍数を持ち、馬を絶やさないようにする。家臣・百姓領民が公儀の御法度を守り、上下ともに不要なことで紛争を起こさないようにと命じるまでである（八月一日付　大一七―二二八七）。

肥後に入国してまもなくの寛永十年正月、火事で類焼した江戸の細川上屋敷の作事について、忠利は江戸留守居に対して次のように述べていた。

一　仮に上屋敷の作事をすることについてであるが、熊本の城に兵粮を置くようにすること、いつ何時でも、上様の命令があり次第、熊本から兵を召し連れて罷り上るようにすること、この二つを覚悟の上、上屋敷の普請を似相《にあい》にするように。今年は、書付にある作事までしようと思っている。このことについて、右の御三人（榊原職直・曽我古祐・伊丹康勝）に伝えること。

（正月十日付　松野織部・町三右衛門宛忠利達書案「御國御書案文」一〇・二三・二四・二）

いつ何時でも幕府からの御諚があれば、兵を召し連れて罷り上るだけの兵粮を熊本城に備える覚悟なので、上屋敷の作事は粗相にする。忠利は、大国を預かったという誇りのもと、良い「国の仕置」をして、身代を続かせるために「似相」の普請・作事を心掛け、有事のための侍と兵粮を蓄えることを第一としていた。忠利が肥後に入国して以来、神に誓ってと、口にしていることがある。寛永十二年正月の書状には次のようにある。

私の国仕置の様子について仰せ越されました。私が内々考えていることも、只今貴様が仰ってくださったことと同じです。百姓は、現在のところ神に誓って一人も走っていません。なおいっそう、そのように努めたいと思っています。お気遣いに感謝します。

正月二日付 内藤正重宛忠利書状案 大一九―一二八〇六）

「入国して以来、百姓が一人も走っていない」。「百姓が走る」とは、百姓が年貢を納めず逃亡することである。忠利にとって大事だったのは、百姓・領民が走らず疲弊していないこと。そしてもう一つが科人《とがにん》（罪人）がいないこと。寛永十年二月の入国して早い段階で曽我古祐に「此方へ罷越、仕合能、終ニ科人一人も出来不仕候、満足仕候、成敗人ハ不及申、籠へ入候ものも、日本之神そ、一人も無御座候事」（二月十八日付 大一七―二〇四七）と書き送っている。じつは忠利は肥後に国替りした時に、下々を成敗しなければ済まないだろうと覚悟して、不届者は片っ端から「なで切」にすることを幕府の老中衆と申し合わせていた（二月十八日付 光尚宛忠利書状案 大一三―一〇九八）。ところが思いのほか、入国時に科人が一人も出なかったことに忠利は驚きとともに安堵を覚えたのだった。近世初期の段階で、領国に法による支配を成立させること、領民が飢えないこと、それが、忠利をはじめ大名たちにとって良い「国の仕置」だったのであり、幕府への「御奉公」となると認識されていたのだった。

次の史料は、差出人の河喜多五郎右衛門の奉行在任期間から、寛永十二年（一六三五）から十七年までのものと思われる。熊本城本丸の中に御用米を入れておくのがいいという沢村大学からの言上に対して、忠利は河喜多と相談して検討するようにと大学に指示した。二人は城内で適した御蔵を探したが、東の竹の丸の続きに三千石詰められる御蔵があり、大学はそこに二千石ほど入れようと提案するけれども、出し入れに手間がかかるので、今年はまず千石入れたいと思う、それについて殿の御諚を得たい、という河喜多の伺いである。

謹んで言上致します

一　熊本城本丸の内に御米を入れておくのがいいと沢村大学が申し上げたところ、御蔵のことは、私と見計らって相談するようにと大学へ御書を下されました。それについて、大学と一緒に御蔵を見て回ったところ、東の竹の御丸の続きに竹の丸定御番の八木田宗圓を召し置いている場所に、御米三千石も入る御蔵がありますが、ここに二千石でも入れればどうだろうかと、大学が申しました。しかしながら、この御蔵は出し入れに手間が要ると思いますので、今年は、まず千石入れようと思います。そのための御諚を得たくお願いします。

一　肥後国中御用米の積り（予算）を、財政担当の荒瀬左太右衛門・小林半三郎・福田新左衛門尉に尋ねて、目録にして別紙で差し上げます。この御用米のことは、去年分までは新米ができるまで在々の蔵に入れて置き、八、九月に支出していました。だいたい秋に米を持ち越すと欠損米が発生します。それを御百姓の負担にしてきて、百姓たちが迷惑してきたと承知しています。今年は在々の御蔵に米を請け取り置き、欠損米が発生しても御百姓の負担にはしないようにしたいと考えます。殿様の損になることではありますが、当たり前のことと思いますので、ついでながら御諚を得たく存じます。

一　右の御用米を保管する場所の候補リスト（「所付《ところづけ》」）を大学に見せて相談したところ、適切であるとの意見でした。これらの趣、殿様に宜しく御披露ください。

（十一月十七日付　飯田才兵衛（忠利側近）宛河喜多五郎右衛門尉伺書「御印物」追加五三番三二）

「本丸に御用米を」という沢村大学の上申だったが、二条目にあるように、御用米は従来は在々の御蔵に置かれて、翌年の秋に支払われるのが通例だった。一年間に生じた欠損米（「欠米《かけまい》」）は百姓の負担とされてきたが、百姓らはこれを「迷惑」だと抗議しているという。百姓による欠損米負担の停止と御用米の本丸への集中は、百姓の負担軽減を目的として、大学らによって提案されたものであった。

一方、江戸城の公儀普請について忠利は、大国を拝領して初めての普請なので頑張りたいと使者を立てて幕府に上申し、江戸城の御門口の一つくらいは築く覚悟でと江戸留守居に助言してくれた榊原に感謝している（本書五五頁　大一九―二八〇四）。その思いは、幕府ないし将軍への「御奉公」の思いである。

しかし、やみくもに将軍の覚めでたき「御奉公」のみを追求したわけではない。前述のように、江戸城普請に必要以上に侍たちを動員することは避けたし、普請見舞いに国から人々が江戸に下るのも禁止した（「忠利公より御家老并御奉行等江之御書案」四・二・九七）。そして、翌年の公儀普請に自ら手を挙げることもしなかった。寛永十三年三月、三斎側近の佐方與左衛門尉宛ての書状で、忠利は次のように言っている。

一　来年の江戸御普請や、駿河・二条・伊勢亀山を関の地蔵へお引きになる御普請について、今年普請を担当した衆も、面々希望を申し上げられていました。只今までは私は希望していません。何とも危なくて、気遣いなことです。

（三月二十一日付　佐方與左衛門尉宛忠利書状案　大一二―八一五）

江戸城の公儀普請が終わって、翌年の江戸城、駿府城、二条城、亀山城での公儀普請にも参加を希望する大名衆がいる中で、忠利は希望しなかった。「何とも危なくて、気遣いなことだ」と言っているのはどういう意味なのだろう。財政的なことであろうか。領国の疲弊を避けたいというのだろうか。公儀普請には莫大な金が必要だった。

寛永十二年の九月、肥後の大風の被害の時、忠利は榊原職直にこう言っていた。「準備の段階で江戸城普請に三万両以上要った。この上、国から普請の下々を江戸に動員したら、いったいどのくらいの金が要るだろう」（本書七六頁）。この榊原への書状と同じ九月七日の奉行衆への達書にはこうある。

一 普請の者を用意する銀子のこと、大坂にも米を売っていないので銀はなく、荒瀬・小林・福田の手元にも余計には銀はないとのこと、そうであるならば、熊本城天守にある銀子でも使うように。長崎の銀を借りる必要はない。

（九月七日付 奉行衆宛忠利達書 三九印一五 忠利八四八）

国元の奉行衆からも普請人用意の銀子のことを尋ねてくる。大坂にも米が売れなくて銀子はない、惣積（財政担当）奉行の荒瀬左太右衛門、小林半三郎、福田吉介の手前にも余計にはない。だったら、熊本城天守にある銀子を使え、長崎で銀を借りることはない、と忠利は命じる。翌寛永十三年七月五日付の「寛永拾三年江戸御普請諸入目金銀諸拂目録」によると、江戸、京都、熊本で借銀していることがわかる（「部分御舊記 普請作事部五」一〇・七・一・六三）。

肥後国内では、毎年の井手堤普請に追われていた。耕作のためにそれは不可欠の普請だ。国の経済基盤である百姓の疲弊を何としても避けなければならなかったのである。

(二)　熊本城普請と領国維持

そんな中での熊本城普請は、国の疲弊にならないように、百姓たちの、そして侍たちの疲弊にならないように、様子を見ながら着実にまめに行われていた。武家諸法度で許されている範囲内での熊本城内の家修繕や作事については、常に、細々と行っていた。忠利自身、城内に常に気を配り、城際は見苦しいので藪《やぶ》にするなと命じ（「忠利公より御家老并御奉行御郡奉行等江之御書」四・二・九九）、侍屋敷の塀を掛けていない所には掛けるようにと、無利子で銀子を貸すように命じたり（「奉書」一〇・七・一六）、頬当御門口の大番所、その他本丸の中の番所のすだれが見苦しいと直させたり（同前　一〇・七・二〇）、出京町から入る惣構えの出入り口が汚いと、近所の町人に毎日掃くように命じたり（同前）、天守に上がって平左衛門丸の蔵の屋根が損じているのを見つけてすぐに修理を命じたり（同前 一〇・七・一八）、細かく城内をチェックした。

その平左衛門丸の蔵の記録がある寛永十五（一六三八）年八月十八日付の奉書（本書一二六頁）の中で忠利は、「延引仕候程、弥大手間入可申候」と述べている。つまり、修理を延ばせば、いよいよ大きな手間が要るようになるから、小まめな普請が必要だという考えだった。忠利のこの考えは、父・三斎（忠興）から徹底的に教え込まれたことである。忠利がまだ家督を継ぐ前に中津城主だった時、忠興は石垣や石堤の破損について、被害の状況によっては早く手当をしないと過分の手間が要ることになると、その都度書状で息子に指南していた（大一―一五三、一五七）。城の小まめなメンテは経済的観点から必要だったわけだが、もう一つ見逃してならないのが、城内、惣構え内を「見苦しく」していて、他国・幕府への聞こえ、評判が悪くなるのを忠利自身が恐れたことである。

前述したように大国を預かる忠利にとって最大の問題は国の疲弊、つまり下々の疲弊、百姓の疲弊であった。それを防ぐことが忠利にとって最も大切なことであり、身代を続けるため、つまり御国のためになる「良い仕置」だった。忠利が熊本城普請を急がなかった理由はそこにある。

寛永十一年に加藤時代から崩れていた箇所と前年の地震で崩れた箇所、そして新しく普請したい箇所とを併せて幕府に申請して許可を受けたが、将軍家光の病気と天草・島原の一揆の時は当然として、大風による被害、牛の伝染病による被害と、下々百姓の疲弊になる状況での熊本城普請の中断の決心も早かった。

しかし普請は中断しても、城内の作事は止めなかった。それは、他国への聞こえ、つまり評判に配慮したからである。寛永十年八月、上方で隠居しようと思って八代城作事と井手堤普請を止めてしまった三斎について、忠利は「公儀への配慮か御法度であれば、作事を止めるのもよいが、そうでなければ、かえって外聞は如何なものか」と、榊原職直に愚痴っていた（本書四五頁）。また、将軍家光が病気で、熊本城普請を止めていた時も、全ての作事・普請を止めてしまうのは、かえって他国への聞こえが悪いと、泰勝寺・藤崎八幡宮の造営だけは続けた（本書一〇六頁）。忠利は、そのように常に幕府、そして他国からの評判を気にした。それも領国を守るため、身代を続けるためだったのである。

さらに、忠利が徹底的な熊本城の維持・管理に努めたのには、居城には軍事・有事要塞の機能があったからだということを忘れてはならない。江戸時代、御城は藩主の住居であり、政治を司る政庁であるとともに、軍事・有事の要塞だった。寛永十年五月末から六月初めの大雨洪水の時、三斎のいた八代城では、本丸に家臣下々の妻子まで避難させたし（本書三二頁）、何よりも御城が軍事要塞であることを認識させるのは、寛永十五年の天草・島原の一揆であった。廃城になった原城を一揆勢が本拠地としたことから、落城後、幕府は廃城の石垣・堀の徹底的な破却を命じた。幕府が武家諸法度で特に石垣・堀について厳命したのも、元和令に「城過百雉、國之害也、峻壘浚隍、大亂之本也」とあるように、軍事要塞に十分なり得るものだったからだ。実際、「松井家文書」などに含まれる原城攻撃の際の細川家臣の論功行賞のための上申書を見ると、石垣の崩れたところから攻撃しているのである。石垣が崩れ、しまり、つまり備えの悪い城は要塞としての機能を果さないものであった。

先に述べたように、熊本城には三千石もの米を詰められる御蔵があり、御薬合蔵（煙硝蔵）があり、天守にもたくさんの武具が納められていたし、刀を作る鋼《はがね》もあった。太鼓矢倉や御門見付に矢狭間《やざま》（矢を射るための小窓）がないので、開けさせてもいた。実際に、天草・島原の一揆や異国船警備の有事の時には、天守にあった武器を調達したのである（「御國御書案文」四・二・一一・二・二、「方々江之状控」一〇・一一・三〇）。

永青文庫には、時代がずっと下るが江戸中期（一七八七年）の細川治年《はるとし》以降、斉茲《なりしげ》・斉樹《なりたつ》・斉護《なりもり》という四人の藩主の「萬一熊本之城渡申候時之相験」（一〇八・六・二九〜三一、三三、三四）が遺されている。これは、藩主が参勤で江戸に居る時、何らかの非常事態で熊本城を明け渡さなければならなくなった場合の、藩主と国元の細川一門中・家老中との「相験《あいじるし》（合印）」である。香箱の身と蓋、藩主が花押の下に印判を三つ捺した書物の奥書を半分断ったもの、封紙とその角を切ったもの、それぞれをお互いが持ち、藩主は江戸に参勤する。万が一、非常事態で城を明け渡さなければならなくなった時、江戸の藩主が開城指示の使者に持たせ下した香箱の身と蓋の紋、書付の割符文字、それに封紙の角を切った部分が国元のそれらと合致した時のみ「無相違城を渡可申候」、つまり、藩主の意思が確認されて城明け渡しが執行されるという仕組みであった。江戸中期以降幕末にかけて対外的に緊張した時代であっただろうが、近世初期には、それ以上に城は厳しく管理されていたであろう。この史料は、江戸時代の城の軍事的機能を強く認識させるものである。

泰平の世になっても、大名たちが常に有事への備えのために軍事要塞となる居城を維持・管理しておくことは必然だったのである。

(三) 公儀普請の実態と意味

大名たちの居城普請にも大きく影響した幕府の公儀普請とは、どういったものだったのか。永青文庫ならびに松井家文書に残る慶長・元和・寛永期の公儀普請についての史料は数多く、それらを網羅することは至難だが、普請の実態を垣間見てみよう。

慶長八年（一六〇三）の江戸の町普請手伝いに始まり、慶長十五年の名古屋城普請、慶長十九年の江戸城普請、元和六年（一六二〇）大坂城修復普請、元和七年、元和八年、寛永元年（一六二四）江戸城・大坂城普請、寛永二年、寛永五年、寛永七年、寛永十三年と、史料に記される年は石や石垣の土台木・道具類の確保、金銀の確保など、その準備も含めると、ほとんど毎年のようである。寛永十三年の江戸城普請を見ると、幕府の普請奉行衆から石垣担当の各大名家の下奉行衆に宛てて次のような御法度書が出ている。抜粋して書き出してみよう。

覚（抜粋）

一　御普請の者は、丁場（普請の受け持ちの区域）で刀・脇差を指すべからず。ならびに、御普請場に長道具（槍・長刀など）は無用たるべきこと。

一　それぞれの御家で石引きの道を定めて、道が悪くなった所は、元のように道を作らせ往還する者に支障がないように申し付けること。

一　夜普請は禁止すること。付則　根切（郭《くるわ》を構成するため山縁を台状に普請すること）の水が多くて水を抱えている丁場は、幕府の普請奉行まで断り、その上ですること。

一　根石（土台石）を置く深さは、枯れ水より土台の下端まで五尺（約一・五メートル）一同に掘り、一度に御大工・穴太が立合い、のけ《(除)》杭を打ち、一同に同じ深さにむらなく致すべきこと。

一　根石を置き渡して一日に石を二段三段に置いて、いい加減に急がないように縄通りにろくに（水平に）致さるべきこと。

一　縄通りを御大工・穴太が見る時は、石運びの者どもはいずれも退いて、縄通りを一日に一回ずつ見るべきこと。但し、人足が昼飯時分か朝飯時分かに行うこと。

一　ならしは急がないように申し合わせて、石を一度に置くべきこと。

一　下奉行衆は一人か二人ずつ御普請場に詰めて、人足たちが口論・喧嘩をしないように致すべきこと。

一　入角《いりずみ》（櫓台内側の凹部。石垣を長く積む場合に使用する）を組むべきこと。

一　裏栗石を石の後ろより五尺、それ以上は検討して行うこと。付則　裏土が悪い所は、相談の上、検討して栗石を入れるべきこと。

一　裏土に汁土を決して入れないこと。
一　升形の内はすべて平石であるべきこと。
一　御矢倉台の石垣は、栗石は石垣に耐え矢倉が下がらぬように致すべきこと。
一　御普請の手配によいと思われる提案は何時でも申し上げるべきこと。
一　万が一、石垣が破損した丁場がある時は、幕府の申し定めを聞くべきこと。
一　御普請に出る時間は朝は六ッ（午前六時）、晩終わる時間は七ッ半（午後四時半）。
一　御普請の坪数算用帳は最初から油断なく致され、御普請が終了したら一度に提出するべきこと。

（正月八日付堀式部少・加々民部少・佐久間将監・柳生但馬差出し石垣御普請衆惣下奉行中宛「公義御普請」文・下・四六・二）

以上のように、幕府の公儀普請は、普請をする者の勤務時間から、日常生活、石垣の築き方の工法、算用帳の提出にいたるまで、すべてにおいて事細かに決められていた。

覚（抜粋）

一　二番丁場へ届けなしに取り掛かってはならないこと。

一　根切をも揃わないうちに、土台を置いてはならないこと。

一　土台を置いても、指図がないうちに根石を置いてはならないこと。

一　決められた通り置き石を直すこと。

一　決められた通り、ならしは一同に一度にすること。

（正月十五日付「公義御普請」文下・四六・二）

担当する丁場の大名家の普請衆は、幕府の公儀御普請奉行の指図のもとで、すべての工程を行っていた。築石・栗石などの大きさも、技術も、情報を共有しながら協力し合って足並みを揃えなければ成就しないのが、この公儀御普請であった。

早く石垣を築いても遅く築いても、大名衆は最後の「ならし」をみな同時にしなければならない。細川忠興・忠利がいちばん恐れていたのは、自分の家中の普請が遅れることだった。元和六年の大坂城普請の時、普請の進捗状況を普請奉行に常に報告させ、「普請が遅れそうなら、いくらでも日雇いを雇うように」と命じ、「今月来月精を出せば、後は余裕だろう」と、奉行を鼓舞していた（三月十五日付　長岡式部少等四名宛忠興書状　松七―一二二五）。「早くできれば、費用の削減になって得だ」とも言っている（五月二十八日付　長岡式部少等四名宛忠興書状　松七―一二四五）。また、慶長十九年の江戸城普請の時、黒田長政の丁場の石垣が抜けて、それにつれて浅野長《なが》晟《あきら》の丁場の石垣も抜ける、ということがあった。このように、普請は他の大名家の状況にも大きく影響された。元和六年の大坂城普請の際は、「大雨が降る時は、腕の確かな者に見廻りさせるのが肝要だ。東の衆はいずれも普請に無案内なので、こちらから水除けなどしてやらない所は、また崩れるだろう」（三月十五日付　長岡式部少等四名宛忠興書状　松七―一二五二）と、石垣普請に未熟な東国大名衆に協力しながら、やっていたのである。

また、この大坂城普請では、江戸にいた忠利から、「国元にいながら幕府の出頭衆に普請の様子を節々報告する大名がいる。それを上様がお聞きになっていれば、普請が遅れても許してくださるだろうというので、ますますそうするのでしょう」（六月八日付　大八―二六）との報告を受けて、忠興は次のように返事をする。「国元に居りながら、幕府の出頭衆に普請の様子を報告する…私はそのようなことはきらいだ。細川は普請にも遅れず、石が小さくて無念につき崩れることもない。水が出て根切ができないのは全家中のことなのに、でしゃばって幕府に報告するのはおかしいことだ。そのうえ、幕府の御普請奉行衆・惣奉行・御横目衆・雅楽殿・大炊殿が見廻りに来られるのに、五百里・三百里余の所に居ながら、自分の家中の者の報告に任せて、普請の様子を申し上げるとは驚きだ。もしそれが幕府の御奉行衆・御目付衆からの報告と違っていれば、なおさら困ったことだ。所詮、御普請はそれほど人に遅れず、石垣を崩さず竣工すれば、問題ないことである」（七月三日付　忠利宛忠興書状　大一―二一五）。

忠興のこの文言に、彼の公儀普請についての考え方が集約されている。実際、忠興は決して家臣任せにする人ではなかった。慶長十九年の江戸城普請の時、高石垣の根石を置いた後、水際から一、二間（一・八二〜三・六四メートル）、三段ばかりを忠興自身が付いて積ませて、それを見届けて、参勤してきた忠利に引き渡して、国元に帰っていた（四月二日付　長岡式部少等六名宛忠興書状　松一―二二一、四月十一日付　長岡式部少

宛忠興書状 松一—二二三)。

また、元和六年の時は「よその家中の物頭・下奉行が御普請場に付いていてもいようといまいと、その方どもは、普請場にひしと付いているように。そして、普請の者たちの身なり以下、無礼に見えないように」と命じていた（四月十八日付 長岡式部少等七名宛忠興書状 松七—一二四〇)。幕府からそんなところまでチェックされるぞと、細川家と縁の深い大坂町奉行の曽我古祐から知らされていたのだった。さらに「石垣を築く時は、物頭どもは水または泥の中に入って、そこから命じるように。この点油断があれば、それは普請奉行・物頭の落度だ」と厳しく命じている（同前)。寛永十三年の江戸城普請の時は、普請の者が着る揃いの道服を用意していた（「忠利公より御家老并御奉行等江之御書案」四・二一・九七)。これは、前にも述べたように、公儀普請が幕府への「御奉公」であり、それ故に世間への聞こえを気にしたものである。

しかし、それでいて忠興は、大坂城普請の時には、幕府の許可をもらっていた小倉城の修理普請のために、鉄炮の者を大坂には上せずにいた。小倉城普請を命じて、その残りの者を大坂に上せるつもりだと、大坂城普請の進捗の様子を報せるように命じていた（五月十三日付　長岡式部少輔等六名宛忠興書状　松七―一二五三）。

このように、近世初期に毎年のように続く公儀御普請による幕府からの編成のもとで、大名どうしが協力して普請にあたる連合体制が構築されていったことも見逃せない。公儀普請を通じた大名の横の関係は、泰平の世の基礎を形づくるものであった。

公儀御普請は、幕府の事情や他の大名に影響され、なかなか日程通りに進まない。そうした状況の中で、大名たちは様子を見ながら、自国の普請に取り組まざるを得なかったのである。

(四)　居城普請の情報交換とアドバイス

前述のように大名たちは、城普請について常にお互いに情報交換をした。豊後府内目付衆はもちろん、近国の大名たちにも城の普請・作事は知らせていた。不審に思われないように、ということもあるが、石垣の修復はどこの大名にとっても重大問題で、お互い相談し合っていたのだ。

寛永十一年八月、忠利は縣《あがた》（延岡）藩主有馬直純から城の石垣修復を相談されている。

一　縣城の御門脇の石垣、幅五、六間ほど組んであるそうですが、そこを元のように幕府の許可を得て修復した方がいいかとお尋ねですが、むしろ御無用なことです。道に崩れ掛かっていれば、人が通れるくらいの道があるほどに残して、石を引き退かして、少しも少しも石垣を築き直すことは御無用です。城の見苦しいことは、どこも同じです。上様の御意を得られてなければ、少しの御普請も我慢なさるのが当然のことです。

（八月晦日付　有馬直純宛忠利書状案　大一八―二五五〇）

縣城の門脇の石垣幅五、六間（約九～十一㍍）を元のように修復した方がいいかと相談されて、忠利は、道に崩れかかれば、人が通る道だけ残して石を退かすだけにして、石垣の築直しは絶対に無用だと言い、そして、城が見苦しいのはどこの藩でも同じなので、幕府から明確な許可が得られていないのなら、小規模な普請でも我慢が大事だと答えている。

さらに寛永十六年、その二年前に家督を継いだばかりの薩摩藩主島津光久には、次のように述べている。

鹿児島のあなたが居られる屋敷ならびに石垣の普請のことを、お手紙で仰せ越されました。このような普請は、私どもは幕府の御老中衆の御意を得ていますので、あなたも御老中へお尋ねになって、その返事次第で普請を命じるのがいいと思います。家作事などは幕府の許可がなくても建てられますが、それでもあなたの場合は、家督を継がれて初めてのことですから、家を建てることを江戸の御老中衆へ届けられるのがいいと思います。少しのことでも大きなことのように噂されますから、遠国はそういった気遣いがなければ、やっていけません。…尚々…あなたが居られる御屋敷はすでに御作事を申し付けられたとのこと、本文で申しましたように、遠国のことは、あらゆることが心配ですから、家作事のことも確実に幕府の御老中衆へ御届けになるのがいいと思います。

（八月二十二日付 島津光久宛忠利書状案 大二五—五四四八）

鹿児島城の屋敷と石垣について尋ねてきた、まだ二十代の若い藩主島津光久に対して、忠利は、家屋敷の作事こそも遠国は幕府に届けた方がいいと、国の存続のための公儀との関係を指南するのである。

また、天草・島原の一揆以後、島原城主となった高力忠房と、天草富岡城主となった山崎家治は、物成《ものなり》不足を理由に幕府からそれぞれ銀子と御城米を拝領したが、その時に忠利は幕府からの命令で高力に百三十貫目、山崎に二百貫目の拝領銀を立て替えた。富岡城には幕府からの御城米を詰める米蔵もないとして、城普請を進める山崎家治だったが、幕府の普請許可がなかなかおりない状況に、忠利は「御近所だから」と心配して、何度も何度も普請の進捗状況を尋ねている。寛永十六年の忠利書状には次のようにある。

　一　去年の冬、江戸の御老中より富岡城へ拝領の御城米を詰めるため、準備するようにと命ぜられ、それにありがたいことだと思われても、御城御普請も調わず、その上、御城米を入れる御米蔵を作る土地もないので、重ねて御城御普請をしっかりしてその後に御城米をお預かりなさりたいとのこと、承知致しました。富岡城の御普請の様子は、去年、酒井讃岐殿まで度々お届けになったのに、さまざまな理由で許可が出ないとのこと、幕府も忙しいからだと思います。きっと、御年寄衆が交替したので、その間は、ますますあちらこちらと、混乱するだろうと思います。

（正月十七日付 山崎家治宛忠利書状案 大二五―五一八八）

一 あなたの富岡城御普請が思うように進まないこと、これまたきっとそうでしょう。絵図など提出するようにと幕府から言ってきても、年内は提出は受け付けないとのこと。おっしゃるように、江戸もお取込み中ではあるけれども、絵図のことを言ってきたのですから、お取込み中でも許可を出されるのが当然だと思います。いつであっても、御老中衆が御忙しくないことはありませんから。最近は、江戸城御本丸の御普請でいっそう御用が多いとはお見受けします。

（十月十四日 山崎家治宛忠利書状案 大二五―五四七六）

幕府の老中衆が交替した上に、火災による江戸城本丸の普請で忙しいからだと、居城普請の許可をなかなか得ることができない山崎を慰めている。

天下泰平の世になって、人々たちにとって最も大事なことは、御家が末代まで続くこと、つまり領国を疲弊させないことであった。領国を守るためにその仕置を完璧にしておくことは、公儀との良好な関係の維持につながったのである。大名たちにとって、御国の十全な仕置は、公儀への「御奉公」そのものであった。そして、御国の百姓の状況が普請そのものを左右するという意味において、居城普請は、公儀—大名衆—領国（御国の百姓）の関係の枠内に制約された中でのみ可能なものであった。

第七章　地震屋について

大坂屋敷・小倉城・中津城の地震屋と作事

熊本入国の直後にあたる寛永十年（一六三三）、熊本城本丸での地震の恐怖に、地震屋の建設を強く望んだ忠利であったが、彼が熱望した地震屋とは、どんなものであったのだろうか。

肥後に転封される以前の小倉城、そして隠居した父・三斎が居た中津城には地震屋が存在したことは、「奉行所日帳」、地震屋の指図、あるいは忠利・三斎往復書簡で明らかである。それらの史料から、現存していない地震屋を想像してみよう。なお、地震屋については、加藤秀幸「城郭殿舎建築における地震屋・地震之間・地震御殿の史的考察」の研究がある。

細川家の家譜である「綿考輯録《めんこうしゅうろく》」巻十三には、「関原集」を出典として、「大坂玉作口に越中守屋敷有、奥方の仕置ニ地震の間と名付、八畳敷に座敷を拵《こしらえ》、四方のかべに鉄砲の薬を紙袋に入かけ置、何時も大地震或火事ニ而《て》も外へハ不出、地震間へ奥方御入候而火を付、焼死る佐《（作）》法に相定被置…」とある。つまり、大坂の細川屋敷の奥に地震の間があり、そこは八畳間で四方の壁に鉄炮の火薬を入れた紙袋を掛け置いて、大地震や火事の時、奥方は外には出ず地震間に入って火を付け焼死する作法を決めていた、と伝えている。そして、慶長五年（一六〇〇）七月十七日、石田三成から人質を出すことを求められたガラシャがその地震の間で自害した説を紹介している。ガラシャの時代の「地震の間」は、関ヶ原の合戦のころであり、用途を異にするものでもあっただろう。

小倉城の地震屋については、作事の記録が数多く見られる。寛永元年（一六二四）の「奉行所日帳」（『福岡県史 近世史料編 細川小倉藩(一)』）などに、地震屋・本丸広間・御うへ（奥）の作事の記録があり、また寛永四年には本丸地震屋を壊して、八月には新しく地震屋を建てる作事に取り掛かる。その作事の御用に修善寺紙《しゅぜんじがみ》（伊豆産川の和紙）十束を買わせ（「萬覚書」二・七・一〇・三）、十月四日には上葺《うわぶ》き（萱葺《かやぶ》き）が調い、敷板・天井・込板まで出来、建具所も半ばまで出来上がり（「江戸へ遣状之控」一〇・九・五四・二）、十一月二十一日には地震屋「絵の間」について、腰障子のところは柴垣を下絵に重臣・津川四郎右衛門の好みで申し付けるように、との御意が出ている。この寛永四年の作事は十一月末には終わった（「従江戸被下御書御請之控」一〇・九・二三）。寛永五年の二月十日に絵書・矢野三郎兵衛に地震屋の唐紙障子に絵を書かせていたのが出来上がり、九月十三日には、地震屋のつるなわ（蔓縄）が切れて、わらひなわ（蕨縄）十五尋《ひろ》（約二十〜二十七メートル）購入の切手を奉行が出している（「奉行所日帳」『福岡県史 近世史料編 細川小倉藩(二)』）。加藤秀幸は、「多分茅葺《かやぶき》の民家同様の屋根裏の竹木を結った蔓・蕨《わらび》縄が朽ち切れたという事であろう」と推定しているが、彦根城内の「楽々園」の「地震の間」と言われる屋敷に見られる天井裏の耐震のための縄と考えるのは早計であろうか。地震屋についての想像がさまざまにふくらみ楽しい。

地震屋への執着の背景

寛永六年（一六二九）の地震屋の作事は大掛かりであった。閏《うるう》二月に大工小屋で下地を拵《こしら》え、三月一日より始まり、それに引き続き地震屋の次延《つぎのべ》の作事が五月一日より始まった。上屋根に葺《ふ》く苫《とま》を関（長門）まで船で買いに遣わし、材木の檜木《ひのき》を調達している（同前細川小倉藩(二)）。そして、地震屋の畳用の切筵《むしろ》にするため畳表が集められた（同）。また、地震屋の作事開始に先立ち、六月六日地震屋に付されていた戸が切られるが、地震屋の廊下から奥へ行く口、天守へ行く口、廊下へ出る口の符を切るのが下々ではできないということで、江戸の忠利に伺いを立て、それを指示する忠利自筆の書き入れのある「地震屋御普請絵図」（追加番外九）が作成されている。地震屋から御うへ（奥）の廊下の口の符はいよ（沼田清延女）が付けているので、奥方は女房衆の管理だったのだろう。大方の道具が調い、同十二日には地震屋柱口の石を据えて柱が立ち、その後、引物（梁）が上げられた（「江戸江言上仕控」一〇・九・一四）。七月十日までには戸障子が終わり、天井もはり立て、石ゆるり（いろり）もできた（同前）。この地震屋の次延の作事は、六月から八月末までかかった。寛永八年十一月二十七日には、地震屋の「料理の間」の煙がよく出るようにして、土の間は墨塗りにしたいとの忠利の御意が出て（三六印七　忠利二一一）、翌寛永九年正月二十日には、「料理の間」の煙が出るようになり、いろり廻りの敷居等に色を付けた旨の報告を受けた忠利が、そのほかの所は自分の帰国を待って色を付けたいという大工作兵衛の上申を了承している（三六印一二 忠利二一六）。小倉城の地震屋には、土間になっている「料理の間」が存在したのである。

三斎が居た中津城でも、忠利との往復書簡の中で、寛永七年、忠利が中津の三斎の数寄屋で見た白い蘭を所望したのに対して、「あの白い蘭は地震屋に植えていたもので、女の細工では掘れないだろうから、同じ類の下々が持っているものを河内（村上景則）に掘らせて遣わそう」と答えていて（大三―七九九）、中津城にも地震屋があったことは明白である。中津城の地震屋には奥続きに蘭など花が植えてあり、そこは女房衆が管理していたことが窺われる。

以上、史料で見てきたように、忠利は小倉時代、忠興時代からあった小倉城本丸の地震屋に寛永元年、一週間くらいの少しの作事をし、さらに寛永四・五・六・八・九年と、毎年のように繕い作事を含めて地震屋の作事をしていた。

こうした地震屋への執着は、寛永二年の肥後の大地震をきっかけにしたものではなかっただろうか。忠利は、寛永六年閏二月に、「御地震屋之御作事之外ハ、先被成間

敷旨被成　御書候」（閏二月二日条　同前細川小倉藩(二)）と、地震屋の作事のほかは、まずしてはならないと奉行たちに命じている。ちょうどこの時、将軍家光は疱瘡《ほうそう》を煩っていた。それに配慮して他の作事は禁止しても、地震屋の作事だけは優先してやっていたのである。それは将軍の居た江戸城も同じだった。寛永七年、江戸城本丸は御座所を狭くして地震屋のために庭を広くしている（大九―四〇三、大四―八五七）。その年の六月には江戸も大地震で、江戸城西の丸も被害を受けていた。

熊本城本丸には地震屋なし

小倉城で何にも優先して作事した地震屋を、忠利は熊本城本丸にも作りたかったのだろう。しかしながら、寛永十年から十一年にかけてあれほど作りたいと言っていた熊本城本丸の地震屋が作られたという史料は、いまだ見いだせない。小倉時代の地震屋についての記録の多さから考えると、「地震屋」と名の付くものは作られなかったのではないかと推測している。これは、おそらく忠利が花畠屋敷を居所と定め、本丸は正月や節句などの礼式の時のみ使用することにしたためだと思われる。寛永十四年（一六三七）十月に天草・島原の一揆が起こり、その仕置に光尚が熊本に下ることになった時、鎌倉で療養中の忠利が国元の家老衆へ出した達書には、こうある。

光尚は、御暇を出されて肥後に罷《まか》り下ることになるので…光尚が住む場所については、熊本城本丸は地震の時に危ないので不適切である。花畠屋敷に住まわせて、正月の礼は本丸で受けさせるようにせよ。

（十一月十五日付 家老衆宛忠利達書案「御國御書之案文」四・二・一一一・二・一）

忠利は、我が子の初めての熊本入城に際して、よほど心配したのだろう。この史料から、寛永十四年十一月の段階でも、熊本城本丸に地震屋がなかったことは明白である。そして、この達書のすぐ後に、忠利は光尚に宛てて「一揆対策のための上使として自分も熊本に遣わされることになったら、二、三日のことだろうが、自分は花畠屋敷に入るので、その方は沢村宇右衛門屋敷を空けさせて、そこに居るように」と命じている（十一月二十七日付「御國御書案文」四・二・一一一・二・二）。忠利は、地震が危ない本丸を徹底的に避けていたのであった。ちなみに替りに光尚に入れと言っている沢村宇右衛門屋敷は、花畠屋敷の隣である。忠利の御意どおり、光尚は一揆後の寛永十六年五月七日に熊本入りした時は花畠屋敷に入り（「奉行所日帳」一一・一・一六・一・三）、その後も忠利と同様、花畠屋敷を住まいとした。

花畠屋敷の地震屋とその厳重管理

住居とした花畠屋敷の方には、その指図（「御花畑圖」神四五・二三印・一八番）から、地震屋があったことが確認できる。この絵図は、永青文庫に遺された最も古い花畠屋敷の図である。これによれば、地震屋は花畠屋敷の北東、裏（奥）方の端に位置し、すぐ横には御泉水（池）があり、それを渡るとすぐに馬場がある。屋根は茅葺《かやぶ》きで、「御神前」もあるところから神様を祀り、おそらくは護符もあって、非常時の安全を祈ったのだろう。この地震屋（間）がいつできたものかは不明である。しかしながら、この絵図の中の西の御門脇の馬屋の横に「星野嘉左衛門が召し置かれている所」との貼紙があり、星野は「先祖附」（南東六三）によると元禄七年（一六九四）三月から享保二年（一七一七）十月まで「御花畑御屋方預」を勤めているので、このころに書かれた絵図であることは明白である。

次に引用する光尚代の寛永十九年（一六四二）三月二十九日付の達書に、「花畠地震屋居間」とある。寛永十八年三月に忠利が亡くなり光尚代になって、寛永十九年三月までの間に花畠屋敷の作事をしたという史料はいまだ見いだしていないので、花畠屋敷の地震屋は、加藤代か忠利代に作られたものと確定していいだろう。

一　花畠屋敷の地震屋の居間の方から見れば金神《こんじん》（大凶方）の方角に当たるので、作事はまず延期し、私が帰国した上で、何方であろうとも建てるように、諸道具は拵え置くとのこと、尤ものことである。

（寛永十九年三月二十九日付　西郡要人佐・浅山修理亮宛光尚達書　四五印八光尚五三）

これは、何の作事かは不明だが、花畠屋敷の地震屋の居間から見れば大凶の方角になるので作事を延期し、光尚が帰国してから場所を決めて建てるように道具の準備をしておくとの国元からの伺いを許可したものである。また、次の史料は地震間の作事についての光尚の達書である。内容から寛永二十年と比定される。

花畠屋敷の地震間の作事について、奥への廊下の口に私の符を付けてある。廊下を改築するにあたって、この私の符を切りたいと、作事奉行たちが言ってきたので、江戸に届けられた絵図を見届けた。その符を、その方たち二人（惣奉行の西郡要人佐と浅山修理亮）が立ち会って切ってよい。それについて、只今、符一つを江戸から遣わすので、うち一つは、今まで符を付けていた廊下の奥の行き止まりに付けておくように。もう一つの符は、もしかして急に符を切らなくてはいけなくなった時か、または、符に錆《さび》など付いた時のために遣わす。この符が必要なければ、その方二人の手元に預って、私が帰国した時に返してくれ。なお、符を切る箇所、また新しく符を付ける箇所は、そちらから送ってきた絵図に書き付けて差し返すので、そのつもりでいるように。

（十月二十日付 奉行衆宛光尚達書 四七印一一 光尚七八）

次に示す寛永二十一年正月廿三日付の覚（神新番外五四・三）は、地震間の作事開始の史料と推定される。

一　御地震屋より御奥へ行かれる廊下の口の御印、上包の印判があるのは、そのまま、留め金とともに外しおきました。見届人は片山加左衛門・西郡要人・浅山修理・御大工竹内甚助・御作事奉行豊岡理助。

一　御奥の御坪の内より御地震間の方へ御出になる内の塀の口に付いている御印二つ、同所二重塀の外の口に付いている御印一つ、以上御印三つ、片山加左衛門・岡十兵衛、この二人が右三つの御印を切りました。見届人は西郡要人・浅山修理。

そして同年三月の覚書は、その作事が終了した時のものと思われる史料である（神新番外五四・一）。

一　御地震間より御奥へいらっしゃる御廊下口の錠構えに付けている御印一つ。

一　鍵に以前お付けになった御印は、片山加左衛門に渡しました。但し、以前の御印を切り、そのまま包紙で包み、西郡要人・浅山修理が印判を付けて片山加左衛門・岡十兵衛に渡しておきました。

寛永二十一年三月二十九日　　西郡要人

浅山修理
片山加左衛門
岡十兵衛
豊岡理助

この五人が立ち会い、御印をつけました。

地震間の作事が終わり、御奥へ続く廊下口の錠構えに惣奉行・作事奉行など五人が立ち合って御印を付け、前に切った御印は包装して惣奉行二人が捺印し作事奉行に渡したという一連の作業を確実に行った旨を記した覚書である。

以上の小倉城と熊本の花畑屋敷に関する史料から、地震屋（間）の入り口には、殿の御印や符の封が付けられ、厳重に管理されていたことが分かる。光尚が符に「さびがつく」と言っていることから、金属製の符であったと思われる。地震など非常時に、藩主とその家族の安全を確保するための施設であることを考えれば、藩主直轄の厳重管理が行われるのは当然のことであったろう。

おわりに――熊本城の被災によせて――

この本を書くきっかけとなったのは、二〇一六年四月十四日と十六日の二回の熊本地震による熊本城の被災だった。

私たちは、ずっと完成された美しい熊本城を見てきて、それが熊本城のあるべき姿だと思っていた。しかしながら、この度その歴史を紐解くと、江戸時代の熊本城は、常にそこかしこが壊れて、修復に追われていたのだった。

近世初期・忠利の時代の熊本城を、遺された史料により思い起こしてみよう。

「奉書」や「奉行所日帳」、その他の永青文庫の史料によると、熊本城天守には銀子、米、塩、鉄炮・鎧《よろい》・甲冑《かっちゅう》・刀・脇差・鞘《さや》・鑓《やり》・弓矢・石火矢などの武具、鉦《かね》・太鼓、幕、染料にもなるむらさき草などの薬草、刀の材料となる鋼《はがね》、渋紙など、さまざまなものが常備されており、本丸には折々届く彦山の御札も納められていた。本丸の武具類は手入れをし、具足は「かざはめ」(風通し)をしていた(「日帳」一四・一六・五〇)。御城廻りには、いちごの木が植えられ(「奉書」一〇・七・一八、「奉行所日帳」

一一・一六・一・三）、御米蔵では鶏が飼われていて、光尚は鶏が好きだったようで、度々台所の御用に召されている（「奉行所日帳」一一・一六・一・四、「奉書」一〇・七・一五）。本丸の御裏方の水棚の辺りでは白い豚も飼われていた（「江戸江之状之控」一〇・九・五五）。御金蔵や銀蔵もあった。上林甚助に牡丹の実植えを命じていたので、牡丹も咲いていたことだろう（「忠利公より御奉行中江之御書并鎌倉御逗留之内御家老中江之御書」四・一・九六）。そして、園芸植物の万年青《おもと》を御路地に植えるために家中の侍衆から進上するよう申し触れており、城内の侍屋敷の路地には万年青が植えられていた。侍たちの間ではやったかもしれない（「奉書」一〇・七・二〇）。また、春木与吉屋敷の裏の川端には柳を挿《さ》させるようにとも命じていた（「日帳」一一・一六・一・一）。時代はずっと下るが、第六代細川重賢《しげかた》のころ、宝暦十四年（一七六四）、熊本城御天守方の依頼を受けて城内の見分に当たった時習館兵法指南役・森本儀太夫の覚書（「御天守方御軍器見分之覚」）によると、熊本城天守には亀甲車（朝鮮出兵の時の装甲車）や大鍵・締金・矢込などの忍びの道具、百間櫓には棲楼《せいろう》、投火《なげび》矢《や》、築城のとき狭間《さま》（城壁や櫓の矢・鉄炮などを放つための小窓）に配されたという矢薬箱、陣太鼓の胴など、加藤時代の武器がそのまま納められていたのである（熊本大学寄託「森本家文書」）。言うまでもなく、この森本は加藤清正の重臣で、朝鮮出兵で活躍したといわれる森本儀太夫の子孫になるが、熊本城天守ならびに矢倉に納められていた加藤時代の武具は、百五十年以上もたつと、その由来も仕様も不明になっていたのだ。なお、この覚書には、見分当時、蜜柑の古木二本、久年母《くねんぼ》の古木一本、松が三、四本しかなかった西竹の丸飯田屋敷の空き地に、梅干しにもなるからと森本が提言して、安永二年（一七七三）正月二十八・二十九日に、野梅・豊後梅二百五十本が植えられたと記されている。

忠利が住まいとした花畠屋敷はどうだっただろう。史料には「御はなはたけ」と表記されたものもある。御花畠は文字通り花畠や、また藩主の邸宅を意味しており、小倉城にも、また江戸城、岡山城、徳島城などにもあった。

その熊本城の花畠屋敷には一反二畝ほどの大麦畑があり、大梅、九百個も採れた栗（「奉行所日帳」一一・一・一六・一・七）、御所柿（大一一―六七五）、唐の蜜柑、柚があった。蘭も咲いていた（「奉行所日帳」一四・一六・五〇）。また、唐の米の籾、りやうか

「熊本城図」（明治期作）　永青文庫蔵

ん（龍眼）の種子、れいし（茘枝）の種子、かんらん（橄欖）の種子、「ふうりんじい」という名の李（すもも）を唐人に申し付けて取り寄せるように命じているので（「江戸江之状之控」一〇・九・五五）、これらのうちで栽培に成功しているものもあったかもしれない。小倉時代にも、郡々から珍しい草花を集めさせているので（『福岡県史　近世史料編　細川小倉藩㈠』、松八―一四七四）、熊本の花畠屋敷にも数多くの草花が集められて、さながら植物園のようだっただろう。

こうした花畠の庭の管理は、小倉時代から引き続いて小堀長左衛門に任されていた。二〇九頁で紹介した星野嘉左衛門は、小堀の後任者である。

そして、花畠屋敷では、白雀、黒雀、野雁も飼われていた（「江戸江之状之控」一〇・九・五五）。そうだ！ 忠利が花畠の馬屋の裏の田に籾を撒いて鴨がわくようにと命じていたから（「奉書」一〇・七・二〇、本書一六四頁）、季節になれば鴨も来ていただろう。花畠屋敷の池には鯉が泳ぎ、出雲から取り寄せた白鳥や鶴《つる》もいた。小倉時代の史料に、白鳥の羽筋を切って池に放したとの記録（寛永六年閏二月二十二日付「従江戸被成下御書写」一〇・九・二三）があるので、花畠で飼う鳥たちは羽筋を切られていたのかもしれない。出雲からは隼も備後の鞆《とも》まで取り寄せ、鷹師に取りに行かせていた（「江戸江之状之控」一〇・九・五五）。鶴の餌にねずみを飼うようにとも命じていた（「奉行所日帳」一一・一・一六・一・四）。鷹小屋も鳩の鳥屋《とや》もあった。ちなみに、忠利が飼っていたこれらの鶴・白鳥・鳩は、忠利が亡くなるとすぐに放された（「奉行所日帳」四・二・一一三・四）。

絵に書いたような、美しいのどかな風景が思い浮かぶが、さまざまな作物・動物を飼育していたのも、忠利が肥後国内での新種の作物の普及を図っていたからだと考えられないだろうか。そういえば、花畠の後ろの田で、年に二度作れるという新種の稲を豊前から取り寄せて試作を命じてもいた（「奉書」一〇・七・二〇）。

近世初期のほんの一時期ではあるが、本書では熊本藩における普請の実態を明らかにした。熊本城はじめ肥後国内の普請、各郡の井手川堤、海辺の潮堤、道橋、また各地にあった御茶屋（野津原・大津・内牧・鶴崎・高瀬・久住・隈府・川尻・三角・宇土・高橋・鹿子木・南関・佐敷・水俣・国府）、江戸・大坂・長崎の御蔵や屋敷の普請に至るまで、それは、毎年のように大風や洪水そして時には地震によって被災し、常に普請・作事に追われるという、破損と修復のいたちごっこの歴史であった。

「城が見苦しいのは、どこも一緒だ」と言い、「似相の粗相な屋敷でいい」と言っていたけれども、そういった身の慎みを心掛け、領民の疲弊にならないように、国の疲弊にならないように配慮しながら、できる範囲で精一杯の居城普請・作事に努めたのが、細川忠利をはじめとする近世初期の国持大名だったのである。

あとがき

本稿は、二〇一七年三月発行の熊本大学文学部附属永青文庫研究センター『年報』第八号に書いたものに補筆・改訂したものである。熊本大学附属図書館に寄託されている膨大な永青文庫の史料の中から関係史料を探す日々の中で、常に私の念頭にあったのは、本来の熊本城そのものの姿をあきらかにしたい、そしてそれを多くの人に知ってもらいたいという思いだけだった。

この度、熊日出版のご厚意により、熊日新書として上梓する機会に恵まれたことは、ひとりでも多くの人に、江戸時代の城としての熊本城を知ってほしいとの願いを叶えてもらえる、この上もなくありがたいことである。

本来の近世の城としての機能を持つ熊本城を、二〇一六年の熊本地震によって大きな試練を負うことになってしまったこの熊本城を、後世の人たちにどう遺していくか。それはこの時代に生きた私たち皆の責任であり、務めである。そして、熊本城を抱える熊本市に生きる私たちには、より大きな責務があることはもちろんである。観光テーマパークではない、加藤清正築城以来、近世城郭として多くの貴重な遺構を持つ熊本城を未来に遺していく私たちの姿を、日本国中が、世界が見守っていることを常に肝に銘じていいたい。

彦根城内「楽々苑」の地震間についてご教示くださった彦根市教育委員会事務局文化財部文化財課の皆様、加藤秀幸氏の論文「城郭殿舎建築における地震屋・地震之間・地震御殿の史的考察」をご提供くださった熊本県立美術館の山田貴司氏、「寛永牛疫」について、山内一也『史上最大の伝染病牛疫―根絶までの四〇〇〇年―』など数々の資料を御教示・御提示してくださった熊本大学発生医学研究所の小椋光先生に、厚く御礼申し上げる。また、永青文庫研究センターの活動を深く理解されている公益財団法人永青文庫にも、感謝申し上げる。

最後に、いつも身近で私を支えてくださっている永青文庫研究センターのスタッフの皆様、俳誌『阿蘇』岩岡中正主宰御夫妻、同編集部の皆様、熊本大学附属図書館の皆様、川口恭子先生、私の研究を常に指導・サポートしてくださっている稲葉継陽センター長には、心からの感謝を申し上げたい。

解説

稲葉 継陽

一

加藤家の改易をうけて小倉から熊本に転じた細川忠利が、寛永九年（一六三二）十二月九日に熊本城に入城したとき、江戸にいる子息の光尚に対して、「江戸城の他にこれほど大きな城は見たことがない」と書き送ったことは有名だ（本書一四頁）。

熊本大学永青文庫研究センターでは、二〇一六年四月の熊本地震の後、この忠利時代の熊本城の被災と普請に関係する細川家の膨大な歴史資料（古文書等）を徹底的に調査した。その調査を担当したのが本書の著者・後藤典子氏である。

永青文庫研究センターが設置された二〇〇九年から、熊本大学に寄託されている六万点に及ぶ永青文庫細川家の歴史資料等の目録作成に携ってきた著者は、熊本大学法文学部史学科で日本史学を修め、卒業後子育てを終えてから母校に戻ったという経歴をもつ。歴史資料の研究にかける著者の類稀なる熱意、そして好奇心と集中力は、熊本城の被災・普請史料の調査に際しても大いに発揮された。

十カ月にも及ぶ著者の調査によって、右の書状での忠利の言葉には二つの意味が込められていたことが分かってきた。一つは、九州の要の巨城を預かることになった自負心。もう一つは、こんなに大きな城を維持できるだろうかという、ある種の危機感である。

熊本入城から間もない十二月二十五日、忠利は幕閣の伊丹播磨守に宛てた書状の中で、「熊本城の塀は落ち、穴が開き、建物は雨漏りしている。小倉城は幕府の許可を得て小まめに修復工事をしてきたのだが、熊本では塀も直していないのか」と嘆いていた（本書一四頁）。さらに寛永十一年に幕府に提出した熊本城普請の許可申請書では、「城内の塀や櫓の大半は修理が必要なありさま」だと述べていた（同四六頁）。著者が見いだした史料中の記述によれば、加藤家末期の熊本城の管理は、まったく不十分だったことになる。

こんな状態の熊本城を引き継がねばならなかった忠利は、どのようにして城普請に取り組んだのだろうか。二〇一七年三月、著者は調査成果を論文「細川忠利期における熊本城普請」(『永青文庫研究センター年報』八、所収)にまとめて公表した。本書は、この論文を一般読者向けに書き改め、改題してお届けするものだ。

二

肥後入国後、家臣団が落ち着き次第、すぐにでも熊本城普請を開始したかった忠利だが、それに専念できない事情があった。公儀普請と地方普請の存在だ。本書が「居城普請・公儀普請・地方普請」との副題をもつ所以《ゆえん》である。

公儀普請とは、幕府からの諸大名動員による江戸城・大坂城の普請だ。江戸幕府の支配権の正当性は、「天下泰平」と呼ばれた不戦状態を維持することによって保たれていたわけだから、幕府権力強化のために大名を軍事動員することはできない。そこで、初期には城普請=大土木工事への動員が強行されたのである。寛永十二年正月、家光政権の威信をかけた江戸城普請が始まり、細川家も動員をうける。肥後への加増転封という破格の扱いを受けていた忠利には、普請動員を断る選択肢はない。それどころか、諸大名の中でも模範的な働きが求められていた。

地方普請とは、熊本藩領国各地における農業基盤整備の土木工事、具体的には農業用水路及び関連設備、それに沿岸地域の「塩堤」（潮受け堤防）普請等が主な内容であった。わけても「井手堤普請」と言われた農業用水路普請は、白川・加勢川・緑川の乱流域を抱える肥後国の百姓と人名にとって、毎年の大きな負担となっていた。

しかも、改易直前の加藤家による地域支配は、うまくいっていなかった。永青文庫細川家文書にある寛永九年十一月十四日付の加藤・細川交替時の引き継ぎ文書（江戸幕府二九五）は、次のように伝えている。農村・山村・漁村への年貢や諸税の賦課は、二十五年も前の台帳によって行われており、実態とかけ離れた課税や、高い年貢が百姓を苦しめている。家臣団も、それぞれが自分の知行地の村から勝手な基準で年貢を収納しており、「無理之年貢」によって経営断絶する百姓が続出している。城下町の町人も各種の租税によって経営に支障をきたし、村方では旱魃《かんばつ》への対策も十分にとられておらず、特に宇土郡や益城郡などの旧小西領は放置され、百姓らの不満は、加藤家の郡奉行・蔵奉行と結びついて不正をはたらく村役人（庄屋）らに向けられていた。忠利にとって、総合的な地域復興政策の立案と実施は、待ったなしの状況だったのだ。
熊本城普請、公儀普請、そして地方普請の競合。これらを調整しながら肥後熊本の領国支配を維持していくことが、統治者・忠利にとっての課題であった。本書は、九年間余にわたる苦難に満ちた政治過程を粘り強く描き出している。

三

そのために著者が採ったのは、原史料から得られる情報を示しながら一つ一つ「事実」を確定していくという実証的な叙述方法である。安易な推測や論断を徹底的に排した著者のスタイルによって、本書は歴史資料上の数々の「事実」だけが発する迫力と驚きの結晶として仕上がることになった。

本書には、忠利の書状をはじめとする多くの史料の現代語訳が引用されているが、それらは、㈠膨大な閲覧調査に基づく関係史料の抽出、㈡抽出した史料の正確な解読、㈢解読文の現代語訳という、三段階の作業を通じて、はじめて読者に提供可能になったものだ。古ぼけた文書の山の中から求める情報をこつこつと抽出していく、気の遠くなるような作業を頭の片隅に想像しながら、本書を読み進めていただきたい。

本書の結論は、第六章に総括されている。忠利も、ぼろぼろの熊本城を一刻も早く直したかっただろう。だが、百姓を熊本城普請と公儀普請に二重に動員したり、地方普請を止めてまで熊本城普請に動員したりすることはできなかった。この時代、百姓を飢えさせるような政治を行い、一揆を起こさせてしまうような大名は、存続を許されなかったからだ。島原一揆直後の松倉家に対する幕府の改易処分は、それを示す事実である。

忠利代の熊本城普請が本格化するのは、公儀普請と地方普請が一段落し、島原一揆鎮圧に出兵した翌年、寛永十六年になってからであった。

さらに第七章では、忠興・忠利らが居城や屋敷に設置した「地震屋」に関する興味深い調査成果が報告されている。耐震構造をもった避難所である地震屋への藩主のこだわりと厳密な管理ぶりが、熊本地震の被災者の一人でもあった筆者によって描かれる。

四

私たちはよく、「清正公が熊本城をつくった」「忠利公は清正公に敬意を表して熊本城を修築した」と口にして、郷土の城と大名をたたえる。だが、江戸時代の熊本の歴史を見るときに、領国の百姓つまり被支配階級のレベルにまで視点を下げる意思を持たないと、熊本城も加藤・細川家も歴史社会の現実から切り離され、リアリティーを失った観光施設や武将キャラクターとしてしか理解されなくなってしまう。本書は、私たちの「歴史」への没哲学的な関わり方への警鐘の書としても読むことができるだろう。

史跡や歴史上の人物についての正当な理解を増進していく方法はなにか。同時代人が遺した一次史料に徹頭徹尾こだわり、「事実」をこつこつと紡ぎだしていく本書の方法は、一つの理想を示しているのである。

（熊本大学永青文庫研究センター長・教授）

参考文献

【書籍・論文】

加藤秀幸「城郭殿舎建築における地震屋・地震之間・地震御殿の史的考察」(『歴史地震』十三号、一九九七年、歴史地震研究会)

北垣聰一郎『石垣普請』(法政大学出版局、一九八七年)

楠　寛輝「石垣の修理を追う」(中井均・加藤理文編『近世城郭の考古学入門』高志書院、二〇一七年)

後藤典子「近世初期熊本城の被災と修復」(『総合文化誌　KUMAMOTO』十六号、二〇一六年)

白峰　旬『日本近世城郭史の研究』(校倉書房、一九九八年)

『豊臣の城・徳川の城—戦争・政治と城郭』(校倉書房、二〇〇三年)

山内一也『史上最大の伝染病牛疫—根絶までの四〇〇〇年』(岩波書店、二〇〇九年)

熊本県立美術館『震災と復興のメモリー@熊本』(図録、二〇一七年)

【史料集】

東京大学史料編纂所編『大日本近世史料　細川家史料　一～二十五』（東京大学出版会、一九六九年～二〇一六年）

八代市立博物館未来の森ミュージアム編『松井文庫所蔵古文書調査報告書　一～十八』（一九九六年～二〇一六年）

著者略歴

後藤典子（ごとう・のりこ）

1956年 宮崎県生まれ。
1975年 宮崎大宮高等学校卒業。
1979年 熊本大学法文学部卒業。
『くまもとの女性史』（くまもと女性史研究会、2000年）の制作に参加。
2009年から熊本大学文学部附属永青文庫研究センター技術補佐員。
現在、熊本大学永青文庫研究センター特別研究員。

熊本城の被災修復と細川忠利
―近世初期の居城普請・公儀普請・地方普請―　熊日新書

2017年12月24日　第1版第1刷発行
2018年 6月 3日　第1版第2刷発行

著　者　後藤典子
発　行　熊本日日新聞社
制　作
発　売　熊日出版
（熊日サービス開発株式会社出版部）
〒860-0823　熊本市中央区世安町172
電話　096(361)3274
印　刷　シモダ印刷株式会社

ISBN978-4-87755-568-9　C0221